介護福祉士養成シリーズ 1

介護の基本・コミュニケーション技術

守本とも子
星野政明
編著

黎明書房

はじめに

　近年，人口の高齢化に伴い，生活習慣病の増加，医療の高度化など保健医療を取り巻く環境は大きく変化し，介護の対象となる人々のニーズも多様化してきている。このような状況に適切に対応するためには，対象の抱える疾患や障害とそれらの状況が生活に与える影響とを的確に把握することが不可欠である。

　本書は介護の考え方について理解するとともに，介護を必要とする対象者を生活の視点からとらえ，介護を適切に行う能力と態度を養うことを目的とし，「介護の基本」と「コミュニケーション技術」の二部により構成される。
　「介護の基本」においては，社会福祉実践における介護の位置付けの歴史的変化と現代における介護の意義や役割について理解するとともに，介護を取り巻く状況や介護サービスのあり方，また，専門職の制度化などの社会的な観点からも介護の基本的なことがらを学ぶことができるように構成している。
　「コミュニケーション技術」では，対人関係におけるコミュニケーションに関する知識と技術を学び，介護を必要とする人との信頼関係を築きながら介護福祉援助実践で活用できる能力を養うとともに，保健・医療・福祉領域での多職種協同におけるチームケアの重要性も理解できるように構成している。

　本書は介護福祉士（Care Worker）養成シリーズ①〜⑤の中のシリーズ①『介護の基本・コミュニケーション技術』に該当する。介護福祉養成シリーズはシリーズ②の『生活支援技術・介護過程』，シリーズ③の『介護概論Ⅰ─高齢者と社会』，シリーズ④の『介護概論Ⅱ─高齢者の理解』，シリーズ⑤の『介護実習入門』により構成されている。

本書において対象者の尊厳を支え，自立に向けた介護が実践できる能力を身につけることで，対象者への福祉的援助を実践する専門職としての基盤を構築することが可能であると考える。

　本書が一人でも多くの読者に読まれ，日々の実践に役立つことができれば幸いである。

　最後に，本書を出版する機会をいただいた黎明書房の武馬久仁裕社長に感謝するとともに，企画から編集まで引き受け，いろいろと助言をいただいた編集部村上絢子氏に感謝とお礼を申し上げます。

　2010年（平成22年）6月吉日

編者

目　次

はじめに　1

第1部　介護の基本

第1章　介護福祉士を取り巻く状況　……………………　12

1　介護福祉士の喜び　12
2　介護福祉士の養成に関する課題　14
3　なぜ介護福祉士は離職率が高いのか　16
4　ケア・ハラスメントについて　19
5　外国人介護福祉士を受け入れる　24
6　希望　26

第2章　介護福祉士の役割と機能を支えるしくみ　…………　28

1　社会福祉士及び介護福祉士法　28
　(1)　法の制定と改正法の成立　28
　(2)　改正「社会福祉士及び介護福祉士法」の概要　29
2　介護福祉士の定義と義務の見直し　29
　(1)　介護福祉士の定義　29
　(2)　介護福祉士の義務　30
　(3)　名称の使用制限　31
3　介護福祉士養成課程の変更　32

(1) 資格取得方法の見直し　32
　　(2) 新カリキュラムの特徴　33
　　(3) 資格取得時の介護福祉士養成の目標と求められる介護福祉士像　34
　4　介護福祉士の登録状況　36
　5　介護における専門職能団体の役割，機能　36
　　(1) 日本介護福祉士会　36
　　(2) 日本介護福祉士会の事業内容　37
　　(3) 生涯研修制度体系　38

第3章　尊厳を支える介護　40

　1　尊厳される人間の理解　40
　　(1) 尊厳される生命の誕生　40
　　(2) 尊厳される生命の進化　40
　　(3) 老いと高齢者　41
　2　QOL　42
　　(1) QOLと介護　42
　　(2) QOLを支える介護　43
　3　ノーマライゼーション　44
　　(1) ノーマライゼーションの考え方　44
　　(2) ノーマライゼーションと高齢者の生活支援　44
　　(3) ノーマライゼーションと若年者の生活支援　45
　4　対象者中心の介護　45
　　(1) 介護と法　45
　　(2) 介護と納得・同意　46
　　(3) 納得・同意と3つのステップ　47

第4章　自立に向けた介護　49

　1　自立とは何か　49
　　(1) 自立　49

(2)　自立概念　51
　2　自立を支える　53
　　　(1)　自立支援　53
　　　(2)　リハビリテーションと自立　54
　　　(3)　対象者の自立を促す支援　57
　　　(4)　措置制度から契約制度　58
　3　自立を支える介護　59
　　　(1)　対象者の主体性　59
　　　(2)　介護現場における自立支援　61
　　　(3)　介護予防　64

第5章　介護を必要とする人の理解　65

　1　介護の必要性　65
　　　(1)　高齢化社会　65
　　　(2)　生活と介護　67
　　　(3)　健康観　67
　　　(4)　人間の多様性の理解　67
　2　高齢者の暮らしの実際　68
　　　(1)　健康　68
　　　(2)　認知症とは　69
　　　(3)　中核症状と周辺症状　69
　　　(4)　家族・世帯構成　70
　　　(5)　役割　70
　　　(6)　自己実現のための支援　71
　　　(7)　住まいと環境　73
　　　(8)　その他　73
　3　障害のある人の暮らしの理解　73
　　　(1)　障害のある人の生活のニーズ　73
　　　(2)　福祉サービスの新体系　74

(3)　身体障害者の生活　74
　　　(4)　クオリア（Qualia）　78
　4　おわりに　79

第6章　介護サービス　　81

　1　介護サービスの概要　81
　　　(1)　ケアマネジメントの流れとしくみ　81
　　　(2)　介護サービスの種類　88
　　　(3)　サービスの報酬，算定基準　95
　2　介護サービス提供の場の特性　97
　　　(1)　居宅　97
　　　(2)　施設　98
　　　(3)　居宅サービスと施設サービスの関係　99

第7章　介護実践における連携　　101

　1　多職種連携　101
　　　(1)　福祉関係職種の機能と役割，連携　101
　　　(2)　保健医療職種の機能と役割，連携　104
　　　(3)　まとめ　106
　2　地域連携　106
　　　(1)　地域連携の意義と目的　106
　　　(2)　地域住民・ボランティアなどのインフォーマルサービスの機能と役
　　　　　割，連携　107
　　　(3)　地域包括支援センターの機能と役割，連携　108
　　　(4)　市町村，都道府県の機能と役割，連携　111
　　　(5)　まとめ　116

目 次

第8章　介護従事者の倫理 …………………………………………… 118

1　介護の専門職としての倫理　118
(1)　介護従事者の資格　118
(2)　介護の専門職としての責務　119
2　介護実践における倫理　120
(1)　信用を落とさない（信用失墜行為の禁止）　120
(2)　個人の情報を守る（守秘義務）　121
(3)　個人の尊厳を守る（人権を擁護する）　123
(4)　介護従事者の倫理的実践　124

第9章　介護における安全の確保とリスクマネジメント ……… 126

1　介護における安全の確保　126
(1)　観察　126
(2)　適切な技術　127
(3)　予測，分析　127
(4)　介護における安全確保とリスクマネジメント　127
2　事故防止，安全対策　128
(1)　セーフティマネジメント　128
(2)　緊急連絡システム　129
(3)　転倒・転落防止，骨折予防　130
(4)　防火，防災対策　132
(5)　対象者の生活の安全（鍵の締め忘れ，消費者被害，その他）　132
3　感染対策　133
(1)　感染予防の意義と介護　133
(2)　感染予防の基礎知識と技術　133
(3)　感染管理　136
(4)　衛生管理　138

第10章　介護従事者の安全　　139

1　介護と感染症　139
　(1)　3つの主要な感染経路と標準予防策　139
　(2)　標準予防策の基本的な手技　140
　(3)　介護施設で注意すべき感染症　141
2　介護者の作業関連筋骨格系障害　143
　(1)　作業関連筋骨格系障害とは　143
　(2)　作業関連運動器障害の予防　143
　(3)　作業関連運動器疾患を予防するためのストレッチング　145
3　介護者のストレス　147
　(1)　ストレスとストレッサー　147
　(2)　対人関係をよく知るための交流分析　148
　(3)　職場でのストレスを減らすための工夫　149

第2部　コミュニケーション技術

第11章　介護におけるコミュニケーションの基本　　152

1　コミュニケーションの概念　152
　(1)　コミュニケーションとは　152
　(2)　コミュニケーション送・受信者の関係　153
2　コミュニケーションを図る目的　155
　(1)　介護過程展開におけるコミュニケーションの意義　155
　(2)　コミュニケーションそのものが目的になる場合　156
3　コミュニケーションの実際　157
　(1)　コミュニケーションを図るのに好ましい環境（場所）　158
　(2)　コミュニケーションの成立する要素　158

（3）コミュニケーションを図る時の注意点　161

第12章　介護におけるチームのコミュニケーション　……… 162

1　チームのコミュニケーション　162
　　（1）チームのコミュニケーションの目的　162
　　（2）チームのコミュニケーションについて　164
　　（3）介護職チームの形成　165
　　（4）介護職全員でつくる個別の介護計画　166
　　（5）介護職チームから多職種協働チームへのコミュニケーション　168

2　チームのコミュニケーションの方法　169
　　（1）記録　170
　　（2）報告　171
　　（3）連絡　172
　　（4）相談　172
　　（5）会議　173
　　（6）SOAP（ソープ）　173

3　介護記録　175
　　（1）介護における記録の意義と目的　175
　　（2）介護における記録　179

第13章　介護場面における対象者・家族とのコミュニケーション　…　180

1　対象者・家族との関係づくり　180
2　対象者・家族とのコミュニケーションの実際　183
　　（1）話を聴（き）く技法　183
　　（2）対象者の感情表現を察する技法（気づき，洞察力，その他）　183
　　（3）納得と同意を得る技法　185
　　（4）意欲を引き出す技法　185
　　（5）対象者本人と家族の意向の調整を図る技法　186
　　（6）その他　187

3　対象者の状況・状態に応じたコミュニケーションの技法の実際　188
　(1)　感覚機能が低下している人とのコミュニケーション　188
　(2)　運動機能が低下している人とのコミュニケーション　189
　(3)　認知・感覚機能が低下している人とのコミュニケーション　189

索引　198

＊イラスト・岡崎園子

第1部
介護の基本

第1章●介護福祉士を取り巻く状況
第2章●介護福祉士の役割と機能を支えるしくみ
第3章●尊厳を支える介護
第4章●自立に向けた介護
第5章●介護を必要とする人の理解
第6章●介護サービス
第7章●介護実践における連携
第8章●介護従事者の倫理
第9章●介護における安全の確保とリスクマネジメント
第10章●介護従事者の安全

第1章
介護福祉士を取り巻く状況

　介護を取り巻く状況は，決して明るいものではない。介護福祉士といえば，低賃金で過重労働の代表格といわれて久しいにもかかわらず，その状況に変化がないのは大きな社会問題だといえる。このような状況の中で，これから介護福祉士を目指そうという人たちには，あえて厳しい現状を知ってもらったうえで，それを乗り越えてゆく気概を持っていただきたい。本章は，主に高齢者施設で働く介護福祉士を対象として書いている。とはいえ，ケア・ハラスメント(p.19参照)が起こる確率は，在宅介護の場合が多いということを考慮しながら読み進めてほしいと思う。

1　介護福祉士の喜び

　数ある職業の中で，介護福祉士のみが実感できる喜びとは何であろうか。
　介護福祉士（Care Worker）は，1987年（昭和62年）に法整備により新しく誕生した社会福祉の国家資格，「社会福祉士及び介護福祉士法」の規定に基づいた資格で，身体的，精神的な障害により，日常生活行動，例えば入浴，食事，排泄などの行動に支障のある人に対して介護し，自立した人間として尊厳を持った生活を送ることができるよう，適切な支援を行う能力を有する者の国家資格であり，名称独占資格の一つである。
　社会福祉士及び介護福祉法は，高齢化社会により，介護する人がいないことなどが理由で，本来の治療目的で病院にとどまるのではなく，治療の必要がなくても長期入院を続けるという，社会的入院の増加を予期してつくられたという側面を持っている。現代社会では，核家族化による家族機能の縮小によって，退院後の生活の面倒を見ることのできる家族がいない場合も増えていることが明らかなため，家族機能の代替・補充といった目的からつくら

れたという点を見逃すことはできない。

とはいえ，入浴や食事などは，われわれが生きていくうえで必須のものであるだけではなく，生きる喜びの一つでもある。筆者は以前，学生を対象に食事時間の調査を行った。1人で食事した場合と誰かと食事した場合とでは，1人で食事した場合よりも2人で食事した時のほうが，約3倍の時間がかかる。われわれは，1人の食事の場合，黙々と食事をするため，かかる時間は短いが，他者と食事をする場合には，会話が介在するため，食事時間が長くなるのである。人間は，高等動物の中で唯一摂食(せっしょく)行動という本能的行動に加え，食することに娯楽性を持たせることができる。

人が会話などを通して，他者にかかわりを持とうとした時，必ず対象者からのリアクションがあるものである。介護福祉士の行う行為は，すべてがこうした対人的なかかわりを持っている。

介護福祉士と対象者とのかかわりは，言語的コミュニケーションに加え，非言語的コミュニケーション（表情やジェスチャー）が必要となるかかわりであるといえる。つまり，全身，全神経を使った，きわめて人間の本質に近い対人関係となるのである。

また，人間は無限に成長する可能性を持っていることを実感できることが，介護福祉士としての喜びの一つではないだろうか。それは，「死」をも，人の生き方として成長過程にあると実感させられるものでもある。「おくりびと」という映画が，アカデミー賞を取ることができたのも，そのように捉(とら)える文化が日本にあり，高齢者介護にかかわる職業である介護福祉士の崇高さを象徴しているのではないだろうか。

ここで，筆者の教え子400名から得たアンケートの結果をまとめてみる。

Q　介護福祉士になって良かったと思うのはどういう時ですか？（複数回答）

A

利用者*から笑顔を見せてもらった時	221名
利用者から見つめられた時	137名
利用者に感謝の言葉をいただいた時	367名
利用者が，できなかったことができるようになった時	288名
利用者の家族と親しくなれた時	101名
この仕事が自分に合っていると実感した時	211名

＊　利用者：介護サービスを受ける人。本文中の対象者と同義。

このアンケートは，筆者の静岡県・愛知県の教え子から得た結果なので，全国的なものではないが，対象者とのふれあいが，介護福祉士の喜びになっていることがわかる。すなわち，介護福祉士の最大の喜びは，"人と人がかかわり合う"といった人間の根源にある欲求を，職業を通して実体験できるところにあると思われる。
　では現在の介護福祉士が置かれている状況は，そのような喜びを感じる余裕を与えてくれるものになっているのだろうか。以下に考察をしてみたい。

2　介護福祉士の養成に関する課題

　介護福祉士の登録者数の推移をみると，2008年で72万9700人であり，前年に比べると9万346人の増加がみられる。
　また，卒業生の就職先は，社団法人日本介護福祉士養成施設協会の調査（平成15年3月）によれば，(1)老人福祉施設など41.1％，(2)老人保健施設19.5％，(3)病院11.1％，(4)シルバービジネス3.2％，(5)その他の社会福祉施設11.5％，(6)その他13.6％である。(1)～(5)までの福祉・医療施設やサービス事業所に，卒業生の86％以上が就職し就労している。
　しかし，資格取得者のみでいうならば，2006年10月末現在，約54万8000人であるにもかかわらず，就労者は35万8305人とかなり少なく，介護職員の離職率は22.6％で，全労働者の離職率の17.5％を上回っているのが現状である。この問題は，次節以降で深く考察するが，2007年3月5日，厚生労働省（以下厚労省）は上記の現状を打開する案として，重度の認知症患者などを世話し，介護事業で指導的役割を担える介護福祉士の上級資格として「専門介護福祉士」の資格を設け，離職者数を減少させる試みを開始した。
　介護福祉士の制度ができてからしばらくの間，それは福祉の花形職業であった。介護福祉士養成校も，平成に入ってから急増した。しかしそれらの多くは，コンピュータ・家政分野から転身した専門学校・短期大学が主軸をなしていた。言い換えれば，福祉とは無縁の学校が，それまでの分野での経営の行き詰まりから，折からの介護ブームにのって転身したものが大半を占

めていたといえる。

ここで，介護福祉士養成に対する指導を行ってきた厚労省と，介護という概念を形成してきた研究者たちの考えについて述べてみる。

① **厚労省の曖昧(あいまい)な審査**

当時の厚労省は介護福祉士養成校の設立に関して養成校に対し，設置基準によって厳しい審査を行ってきたが，審査基準は曖昧であり，担当官によって設立条件が異なっている。例えば，設置基準には介護福祉士養成校は適正配置という条件がある。すなわち，ある一定の距離の中に養成校が乱立しないように明記しているが，それは守られていない。

筆者は，全国の介護福祉士養成校を見て回ったが，名古屋・大阪などでは，わずか100mの間に異なる学校法人による介護福祉士養成校が乱立しているのが現状だ。すなわち，すでに当時の厚労省の審査基準は形骸化(けいがいか)していたことになる。その結果，質の向上よりも粗製乱立の状況を生み出した。かつて，厚労省にこうした養成施設の問題について問い合わせをしたことがある。その時の返答は，「適切に運営している養成校は生き残り，不適切な運営をしている養成校は自然消滅する」といったものであった。それならば，養成校に対する指導は不必要であり，論理的に破綻(はたん)している。また，養成校の自然淘汰(とうた)を示唆(しさ)しているが，経営破綻を起こさないように適正配置をうたっていることにも矛盾している。そして現在，多くの養成校が定員割れを起こしたり，経営に苦しんでいる様に対して厚労省は責任を感じているのか疑問が残る。

② **研究者の考え**

社会福祉系の研究者の多くは，介護は社会福祉の分野から派生してきたと考えている。

介護＝care(ケア)という言葉は，医療・看護の分野で古くから使われてきた用語であると同時に，看護師（かつては看護婦・看護士）が，一般的に行ってきた業務の一つである。それと同時に，家政婦の手によって介護に類する内容が提供されていた。それらの中からは，派出婦(はしゅつふ)という業種も生まれ，派出婦協会も設立され，完全看護が行われていない病院での，夜間の患者の介護も行っていた。

このように，介護と一言で言っても，日本の場合には医療の業務の中に初めからあったもので，それを補う形で家政婦が存在していた。これに対し，イギリスでは care work（ケアワーク）として専門化されてきた。イギリスなどの場合には，保健省の中に福祉が含まれる形をとっているが，初めから福祉は医療とのかかわりが非常に強かったので，専門職としての care worker（ケアワーカー）は，医療の一分野と認識され，無理なく医療との連携がとられている。

　結論を言えば，上述したように，日本における介護は看護から独立させられたもので，家政婦の行っていた業務を専門職化したにすぎず，多くの社会福祉研究者がいうように，福祉が医療に接近したものではなく，医療が福祉化したものと捉えることのほうが自然なのではないだろうか。

　さて，上記2つの問題が現代の介護福祉士を取り巻く問題にかかわっていると思われる。こうした問題を打破し，介護福祉士が安心して，胸を張って働くことができるようにするためには解決すべき課題が存在する。1つは，介護福祉士の生活の保障であり，もう1つは身分保障である。そして，これらの課題を解決することによって，社会福祉全体の向上に結びつくと考えることができる。

　以下，いくつかの節に細分化して考察する。

3　なぜ介護福祉士は離職率が高いのか

　離職率の高さは，その職業に対する「働く喜び」が実感できないことを浮き彫りにさせる。この割合の高さは，介護福祉士に限ったことではなく，社会福祉の領域全般にわたる特徴でもある。

　現在，資格があるのに就労していない潜在的介護福祉士は推計すると約20万人となっており，平成17年9月末現在の登録者数約40万人に対して，約4割となっている〈文献(1)〉。なぜ，このように離職率が高く，潜在的介護福祉士が4割にも及んでいるのか。

　1つには，従来から指摘されているとおり，重労働でありながら低賃金であるという，福祉現場での様相がなんら改善されていないことが挙げられる。

第1章　介護福祉士を取り巻く状況

① **低賃金**

介護職員の賃金については，下記の表に示したように看護師・准看護師やPT（理学療法士），OT（作業療法士），ST（言語療法士）に比べかなりの低賃金である。

主な職種別	回答労働者数	平均時間給（円）	中央値（円）
訪問介護員	2,088	1,123	1,100
サービス提供責任者	157	1,067	1,030
訪問看護員	69	1,464	1,400
介護職員	2,062	881	850
生活相談員	48	1,069	1,000
介護支援専門員	143	1,354	1,385
PT・OT・ST	11	2,532	2,500
看護師・准看護師	222	1,261	1,200
その他	64	919	850
無回答	34	1,021	955

表1-1　職種別 時間給

出典：介護労働安定センター「介護労働者の就業実態と就業意識調査」『平成20年度介護労働実態調査』

また，介護労働は，介護保険制度の導入などにより対象者の主体性を尊重し，個別介護，ターミナルケア，ユニットケア，認知症への対応に至るまで，多様な介護内容が求められている。そのことによって，介護福祉士は，より高度な専門性が求められ，労働内容はより高度化・複雑化されているのが現状である。

にもかかわらず，介護保険制度の導入後，職員の配置基準も旧来のままであり，介護保険を基調とした報酬制すなわち，契約制度による「経営理念」が現場を支配するようになってからは，介護福祉士という資格によって年収がアップするどころか，逆に低下を招くことになるという，「経営」の常識とは正反対の方向へと方向づけられている。したがって，介護労働に対する正当な評価を行うことは，介護福祉士の離職率を下げるためには必須の課題であろう。

旧来から，福祉分野では「奉仕の精神」「思いやり」「愛情」といった要素だけが強調され，賃金労働という発想は，反福祉的なものとして行政，法人経営者から異端として排除されてきた。しかし，上述したように介護は「経営」であり，契約に基づいた専門的労働であって，それによって生活を営む介護労働者が，正当な対価を求めることは，なんら問題はないという発想に切り替えなければならない。

　② 過重労働

　次に問題なのは，過重労働の問題である。施設に勤める介護福祉士の労働形態は複雑で多様である。筆者の調査によれば，日勤と夜勤との組み合わせをとっている施設が多いが，早出(はやで)，日勤，遅出(おそで)，夜勤という，4タイプの労働形態をとっているところも少なからず存在している。

　前者は特別養護老人ホームに多く，後者は介護老人保健施設や身体障害者施設に多く存在している。

　さらに，日々の膨大な記録作業が精神的にも肉体的にも介護業務に上乗せされる形でのしかかり，ストレス要因の一つになっている。

　身体反応として腰痛は，介護に従事する人の80％に至っており，性別年齢に関係なく起こっている。これに対して介護の現場では，コルセットの使用を義務づけられているところも多くなっている。腰痛以外にも，肩こりを訴える介護福祉士も多い。

　ストレスは精神反応の一つであるが，身体反応との関連性も強い。例えば，継続する緊張は，精神的にもストレスを起こすと同様に，肩こりや眼精疲労・胃腸の不調にもつながっているので，両者は強い関連性を持っていると考えられる。ただ，精神的ストレスは，身体反応と異なり，ただ休息をとれば解消されるものではないだけに，早期の対策が求められる。

　介護福祉士が，ストレスを感じる場面はどのような時であるか，前出の教え子から得たデータをまとめると，以下のようになる。

　p.19のような理由から，精神的なストレスが慢性化し，不眠を訴える者が数多く存在する。こうした精神的ストレスが解消されぬまま仕事を続けると，離職につながるだけではなく，鬱病(うつびょう)にかかる危険度が高くなる。こうし

場面	【夜勤時】 ・何か起こるのではないかと落ち着いて仕事ができない。 【日勤時】 ・自分の介護が適切であるか。 ・同僚との意見交換をする暇がない（自分の介護を客観視できない）。
労働環境	・他の職種を選んだ同級生よりも賃金が低い。 ・休憩時間がない（休憩時間にも入居者とのコミュニケーションを強要される）。 ・介護福祉士が少ない。 ・福祉機器の不足，施設の構造が介護しにくい形状をしている。
入居者との関係	・入居者同士のいざこざの仲裁が難しい。 ・入居者に起こるかもしれないトラブルが気になる。

た現状において，介護福祉士たちが，ストレスを解消するために有意義であり，施設経営者に望むことは何かを回答してもらった結果が以下の結果である。

・スキルアップのための研修に多く出たい。
・認知症を理解するための研修をしてほしい。
・事故やトラブルがあった時の対応の手助けをしてほしい。
・勤務態勢を決める時には，本人の希望を聞いてほしい。

これらの回答から考えられることは，介護福祉士たちは現場にとどまることを希望しており，そしてそれは，施設経営者がほんの少し介護福祉士に歩み寄れば，ストレスの解消が可能であり，ひいては離職者の減少を可能にするものであるといえよう。

4　ケア・ハラスメントについて

利用者は，施設において，安心で快適な生活を送る権利を有している。しかしそれは，施設で働く介護福祉士においても，同様に安心して働くことができ，快適な職場環境でなければ実現困難である。

措置制度から契約制度へと経営の考え方が急転回したことによって，本来，利用者と介護福祉士が同等な権利を有するものと考えられていたものから，「お客様」としての対象者，それに対して「奉仕者」としての介護福祉士と

いう図式が，より濃厚になってきたようである。

　確かに，利用者は身体的にも精神的にも常時介護を必要とするという点においては，保護ともいうべき配慮が必要であることは間違いないが，人としての価値は両者とも平等でなければならない。

　しかし，介護福祉士が，利用者，またはその家族から，暴行を受けたり，罵声(ばせい)を浴びせられることが増えていることに対して，無力であるという現実を改善できなければ，離職者や潜在的介護福祉士を減らすことはできないであろう。

　この節では，顕在化してきているケア・ハラスメントについて考察したい。

　その第1人者である篠崎の定義によれば，「介護労働者が利用者およびその家族から受けるさまざまな嫌がらせや人権侵害をケア・ハラスメント」と呼んでいる〈文献(2)〉。

　ケア・ハラスメントが起きる理由は一様ではない。認知症からくるパニックが，介護福祉士に向けられるというケースもあるが，男性の対象者の中には，戦前に存在していた男尊女卑の観念が残っていて，女性介護福祉士に対して性的な嫌がらせに及ぶケースも報告されている。

　こうしたケア・ハラスメントを受けるのは，圧倒的に女性介護福祉士が多く，介護の対象者からのみではなく，その家族から受けるケースも数多くある。その種類も，暴言や無理な注文といったことにまで及んでいる。なかでも象徴的なのは，男尊女卑の固定的性別役割分担意識の名残がいまだに介護現場に反映されていることである。

　固定的役割分担意識とは，男性は外での仕事のみに集中すればよく，それ以外の介護を含めた家事全般は女性の役割であるといった価値観が固定化してしまっていることを指すものである。この観念が現存していることで，女性にだけ介護や育児といった福祉領域の負担が加算されることになり，現代女性の多くが仕事と家庭とを両立させていることを考慮するならば，その身体的，精神的負担はかなり重度化していると考えられる。

　介護福祉士という資格は，「名称独占」の資格であり，介護福祉士の資格を有したものが，「介護福祉士」であるということを名乗ることが許されるとい

う意味であり、介護という行為そのものは資格を有していない家族の手によっても可能であるし、むしろ軽度の介護であれば家族が行うほうが自然であろう。それだけに、家族は、特に女性は自分の行ってきた介護に対してのプライドを持っていることも多く、介護ストレスも多く抱えている場合が多い。そういったことから、家族から介護福祉士に対する要求も強度なものになりがちであると考えられる。

次に、1つの事例を紹介する。

事例

K特別養護老人施設に入所したTさんは、重度の認知症のうえ、嚥下機能がかなり低下しており、食事介助においても看護師の援助を必要とするなど、介護福祉士と看護師の協働で介護をする必要があった。

Tさんの嚥下能力はかなり低く、細心の注意を払わなければ水分補給の際にもたびたび誤嚥し、炎症を起こして発熱することが頻繁にあるほどだった。

入居前は、妻であるCさんが全面的に介助をしてきたという。そのCさんの希望により、施設に来ることができる日は訪問して、自分の手で世話をしたいというので、担当介護福祉士はケア会議の際にその意志を全スタッフに伝え、Cさんの希望をきくことにした。

Cさんによると、Tさんは若い頃から専制的な人物だったらしく、Cさんはよく怒鳴られたり叩かれたりしてきたという。そのせいか、Tさんと離れて暮らすことは、Cさんにとって経験のないことで、いわゆる分離不安が伴っているように思われたため、Cさんの希望を受け入れた。

Cさんは、Tさんの入居後もK施設に毎日訪問し、Tさんの居室を訪れ、担当介護福祉士の許可を得て、我流の介護を展開し始めるようになった。その介護方法は、介護福祉士の目からみて、明らかにTさんにとって良いものとは思われないものであったが、長年連れ添った夫婦ということを考慮し、Cさんが訪問中は、あえて口を出さなかった。

ところが、Cさんの介護はエスカレートし、食事介助もしたいと申し入れてきた。介護福祉士と看護師は、Tさんへの食事介助は嚥下能力から考えて危険を伴うが、Cさんの気持ちも考えて、当面は介護福祉士や看護師がその

介助を観察することを前提に，食事介助をしていただくという方針を，園長の承諾を得てCさんに伝えた。

Cさんは，その報告を受け，次の日から食事の介助を行うようになったが，その介助の仕方はたびたび介護福祉士や看護師が手を止めさせ，代わりをしなければならないほど危険を感じさせるものであった。

そのため，他の介護福祉士たちからはこの対応を疑問視する声もあがったが，担当介護福祉士は，Cさんの心情をくむことも総体としての介護になるのではないかと，しばらくの間はCさんとTさんを見守ることにした。

ところが，Cさんの要求はますますエスカレートしていき，自分で作った食事をTさんに食べさせることも多くなってきた。そして，ある時Tさんが肺炎を起こした。医師の診断によると，気管支の中に食べ物らしき小さな影があるうえに，気管支の一部に炎症が発見され，それがもとで肺炎を起こしていることが指摘された。

ここにきて担当介護福祉士も，これ以上Cさんに食事介助をしてもらっていては，Tさんの命にかかわると判断し，Cさんに対して「お気持ちはお察しいたしますが，お食事は私たちにお任せいただけませんか？」と提案をすると，突然，Cさんが豹変し，「うちのTが肺炎になったのは，あんたらのやり方が悪かったのだろう。それを人のせいにするのか。私は体にいいものを食べさせているんだ。ここの栄養が悪いからそうなったんだ」と怒鳴り，部屋の花瓶を担当介護福祉士に投げつけた。

この時から，Cさんの攻撃的な態度はよりひどくなり，朝早くから園にやってきて，介護の方法が気に入らないと，その介護福祉士に怒鳴り，時には介助中の介護福祉士に体当たりしてTさんの介護を横取りするような行動を取り始めた。

担当介護福祉士は，Cさんに対して，「危険を伴うので，介護中に手を出さないようにお願いします。Cさんの気持ちは私におっしゃってください」と声をかけると，「おまえみたいな者に何がわかるんだ。私はこの人と何十年も暮らしてきたんだぞ。私が一番できるんだ」と，引っ掻いてきた。

Cさんの暴言や暴力的な行為は，日に日にひどくなり，その矛先は，他の

介護福祉士たちにも及び，CさんとTさんにかかわることに萎縮(いしゅく)するようになった。このまま，Cさんの暴言，暴力を放置することはできないと，職員会議を開いて対応を議論した結果，Tさんを診察したM医師と面会の場を設け，なぜ肺炎になったのかを，明確に伝えるようにすることと，園の介護計画をCさんに納得していただけるように，ケアマネージャーにも同席してもらって相互の意思の確認をするという方針が立てられた。

後日，ケアマネージャーに連れられたCさんとM医師との面談で，肺炎の原因が，Cさんの食事介助に関連していることをM医師が説明すると，Cさんに少し自分を見つめ直そうとする姿勢がみられた。

M医師との面談を終えて園に戻ってきたCさんは，「わしのやり方が悪かったのかねえ」と担当介護福祉士に話しかけてきたので，「そういうわけではありませんよ。お食事は私たちが責任を持って提供させていただきますから，CさんはTさんに声をかけていただいたり，体をさすってあげてくださいね」と笑顔で応対すると，「それではお願いします」と頭を下げた。その後も，Cさんは頻繁に園を訪れたが，暴言や暴力は少なくなった。

この事例は，利用者からの暴言ではなく，その家族からの暴言・暴力を受けた一例に過ぎない。

介護現場においては，対象者本人から暴力を受けたり，暴言を受けることは日常的なものになっているが，介護福祉士は，それに対して抵抗すらできない立場に置かれている。もちろん，業務上で受けたけがなどに対しての治療については保障されているものの，未然に防ぐことはできない。

現状では，対象者から暴力を受けたり，暴言を受けることは，職務上必然のことと受け止められ，施設での雇用に際しても，これらのことを承諾できることを前提に雇用がなされているところが多く報告されている。

ケア・ハラスメントについて，上司に相談しても取り合ってもらえないという声は非常に多い。まして，事例に示したような利用者の家族からの暴力・暴言については，介護福祉士を守ってくれるものは皆無といって良い。介護福祉士の離職率を下げるためには，賃金のみならず，ケア・ハラスメン

トの解決を急がなければならない。

　そのためには，職場の安全管理は，その施設の長に責任があることを，各施設長に指導しなければならない。理想に燃えて介護福祉士になった人々が，その熱意ゆえに暴力や暴言にさらされている現状を解決するために，対象者と同様に，介護福祉士の人権擁護にも注意を払う義務が，施設にも，監督官庁である厚労省にもある。

5　外国人介護福祉士を受け入れる

　2008年8月，インドネシア人介護士が来日したのを皮切りに，今後は外国人介護福祉士が増えてくることが予想される。

　受け入れ施設は，特別養護老人ホーム，介護老人保健施設などの介護施設，高齢者デイサービスセンター，認知症対応型共同生活介護などの施設，身体障害者更生施設などの障害者施設，教護施設などである（有料老人ホームやケアハウスなどは，インドネシア人介護士が資格を取得した後であれば受け入れ可能であるが，現段階では受け入れ施設として認められていない）。こうした施設のうち，下記の要件を満たしたところだけが受け入れ可能となっている〈文献(3)〉。

・介護福祉士養成施設における実習施設と同等の体制が整備されていること。
・介護職員数が法令の配置基準を満たしていること（受け入れるインドネシア人介護士は職員数に含まない）。
・常勤の介護職員の4割以上が介護福祉士資格を有していること。
・過去3年間，インドネシア人介護福祉士候補者などの受け入れで不正がない法人であること。
　また，研修についても基準が設けられている。
・介護福祉士国家試験の科目（筆記試験・実技試験）の習得について，受験に配慮した適切な内容の研修計画を定めていること。
・研修責任者の配置，研修支援者の配置等必要な体制が整備されていること。

第1章　介護福祉士を取り巻く状況

・研修責任者は原則として5年以上介護業務に従事した経験があり，介護福祉士の資格を有すること。
・日本語の継続的な学習，職場への適応促進及び日本の生活習慣習得の機会を設けること。

　上記の基準は，対人サービスである介護福祉士ということを考えれば常識的な範囲であろう。

　ただ，上記の基準の他にも，受け入れ関係諸経費を換算すると，1人受け入れるのに必要な額は賃金以外に50万円ほどになり，それらの費用はすべて施設が負担することになることを考えると，施設にとってのメリットは低賃金過重労働を担ってもらう以外にはないということになりはしないだろうか。

　上記のような点からも，介護を外国人に託すということに対しては，賛否両論に分かれるところである。

　次に，外国人介護福祉士について考察を進めたい。

　アジアにはまだ貧困な国も多く，外国人介護福祉士にとって，本国よりも日本の賃金のほうが高くなる場合が多い。筆者はかつて，ブラジル移民二世の人たちがヘルパーとして働く老人病院に取材に行ったことがある。その時，彼女たちから聞いた話では，ヘルパーとして2年働けば，ブラジルに帰ったら農場と家を一軒買えるのだという。ブラジルはアジアではないが，同様の経済状況をアジア諸国に置き換えることができる。

　外国人介護福祉士の導入は，介護現場の労働条件の改善のために導入されたものではない。いうなれば，介護現場の低賃金過重労働はそのままに残し，その環境に適応できるアジアの人々にその役割を転嫁したに過ぎないのである。

　これに対して，外国人介護福祉士の受け入れについて賛成する人々の主張は，より現実的で明瞭である。海外からの介護福祉士，看護師の受け入れをもっと積極的に行うべきだという。潜在的看護師や潜在的介護福祉士の掘り起こし，処遇の改善，報酬引き上げなどは必要だが，事態はもっと危機的である。新規オープンしても人手不足で全床を稼働できない介護施設が増えて

いる事実を挙げ，今後，生産年齢人口がさらに減っていくことを考えれば，多文化共生の仕組みを考え，「人材開国」を進める必要があるということである。たとえこのように，外国人介護福祉士の導入をやむなしとしても，それと並行して待遇改善はなされなければならない。

6　希望

　これまで筆者は，現在の介護福祉士を取り巻く現状を明らかにした。これらはすべてが現実であり，事実である。

　そして，この章を読んだ読者の多くが，介護福祉士になることを躊躇するかもしれない。しかし，介護福祉士を志す読者のかたは，筆者にとっての希望である。この章の各所に隠された真実は何かという問いかけに応えていただくことを期待している。本章で挙げたことはすべて事実であるが，真実ではない。考えてみてほしい。それほど苦しい職場なのに，なぜ介護福祉士はいまなお現場で働いているのか。なぜ読者のかたは介護福祉士について学ぼうとしているのか。そこには，たとえいま低賃金過重労働であっても，他の職業にはない，金銭に換算できない喜びがあるからではないだろうか。それこそが，介護福祉士の自己実現であり，介護福祉士であればこそ実感できるものなのではないだろうか。

　そして，読者のかたがいつの日かこの本を読んで，何をどうすれば低賃金過重労働を軽減し，ケア・ハラスメントを撲滅し，さらに外国人介護福祉士と協働することができるようになるのかを学び，介護現場に新しい風となって希望の花を咲かせてくれることを望んでいる。

　では，どうすればその希望を手にすることができるのか。

　一言で言えば，介護現場の現状をもっと大きな声で訴え，社会に，そして国家に対して社会福祉運動を行っていき，介護福祉士も国民の1人として健康で文化的な生活を営む権利を有しているということを，国民に対して理解を求めることが必要である。

〈三浦辰哉〉

引用文献

(1) 介護サービス施設・事業所調査（厚生労働省大臣官房統計情報部）平成17年10月1日。
(2) 篠崎良勝『介護労働学入門』一橋出版，2008年，54-55頁。
(3) 平成20年11月6日　厚生労働省告示第509号「外国人看護士・介護福祉士受け入れ支援事業」4-14頁。

第2章 介護福祉士の役割と機能を支えるしくみ

2000年の社会福祉基礎構造改革後の福祉サービスの重要なテーマの一つに「利用者サービスの質の向上」がある。その実現に向けてはまず人的資源の質の向上が重要な要因となる。職業倫理，専門知識と技術，さらにチームワークの専門性が高められなければならない。介護保険制度の施行とその見直しによる新しいサービスの構築が進められており，今後もそれらに対応できる人材の確保は喫緊の課題である。介護福祉士は今日の介護を支える人的資源の中核として期待されている。本章では，介護福祉士の役割と機能，そしてそれを支える法と制度について学ぶ。

1 社会福祉士及び介護福祉士法

(1) 法の制定と改正法の成立

　急速な高齢化の進行する日本で，1987年（昭和62年）に社会福祉士と介護福祉士は誕生した。これらの資格は「社会福祉士及び介護福祉士法」（昭和62年5月26日法律第30号）に規定された国家資格である。制定当時，介護福祉士の職務内容は身体介護を中心とする「専門的知識及び技術をもって，身体上又は精神上の障害があることにより日常生活を営むのに支障がある者につき入浴，排泄，食事その他の介護を行い，並びにその者及びその介護者に対して介護に関する指導を行うこと」（旧法第2条第2項）と定められていた。

　しかし，20年余りが経過し，福祉制度は措置から対象者の選択と自己決定に基づく普遍化した制度へと移行し，社会福祉及び介護を取り巻く環境は大

きく変わった。介護保険制度の施行とその後の見直しにより，個別ケアや認知症ケアなどの新しいケアモデルに対応できるサービスの構築が進められている。同時に，障害者自立支援法の施行などの中で，障害者福祉サービスにおいても対象者本位のサービス体系への再編が進められており，地域生活支援の側面をより重視したケアが求められるようになっている。

その結果，社会福祉士には，対象者の主体的なサービス選択を実現するためのサービスの利用支援，権利擁護事業などの新たな相談援助業務の拡大が生じた。介護福祉士には，今日の介護を支えるマンパワーの中核的な存在としての期待と，対象者の心身の状況に応じた介護が求められている。

そこで2007年（平成19年）12月，社会福祉士及び介護福祉士の資質の確保及び向上を図るため，資格の定義規定，資格の取得方法の見直しなどを内容とする「社会福祉士及び介護福祉士法等の一部を改正する法律」（平成19年法律第125号）が公布され，法の内容改正が行われた。

(2) 改正「社会福祉士及び介護福祉士法」の概要

社会福祉士及び介護福祉士法は，5章で構成されている。第1章は法の目的である社会福祉士及び介護福祉士の業務の適正を図り，社会福祉を増進させることと，社会福祉士及び介護福祉士の定義を記している。第2章が社会福祉士について，第3章が介護福祉士について，第4章が社会福祉士及び介護福祉士の義務など，第5章は罰則を記している。

【社会福祉士及び介護福祉士法の目的】
第1条 この法律は，社会福祉士及び介護福祉士の資格を定めて，その業務の適正を図り，もつて社会福祉の増進に寄与することを目的とする。

2 介護福祉士の定義と義務の見直し

(1) 介護福祉士の定義

介護福祉士が行う業務内容は，従来の社会福祉士及び介護福祉士法の定義

規定では「入浴,排泄,食事その他の介護」という身体介護中心の記述であった。しかし,対象者に対し心理的・社会的支援の側面も含む包括的（ほうかつ）な生活支援を提供する「心身の状況に応じた介護」と改められた。介護の現場で,身体介護だけでは対応できないニーズが増大し,自立支援に果たす介護福祉士の役割が期待されている。

【介護福祉士の定義】

第2条第2項　この法律において「介護福祉士」とは,第42条第1項の登録を受け,介護福祉士の名称を用いて,専門的知識及び技術をもって,身体上又は精神上の障害があることにより日常生活を営むのに支障がある者につき心身の状況に応じた介護を行い,並びにその者及びその介護者に対して介護に関する指導を行うこと（以下「介護等」という。）を業とする者をいう。

社会福祉士の定義規定では,サービスの利用支援,成年後見制度や権利擁護などの新しい相談援助業務の拡大に伴って「専門的知識及び技術をもって,身体上若しくは精神上の障害があること又は環境上の理由により日常生活を営むのに支障がある者の福祉に関する相談に応じ,助言,指導,福祉サービスを提供する者又は医師その他の保健医療サービスを提供する者その他の関係者との連絡及び調整その他の援助を行うことを業とする」と改められた。

(2)　**介護福祉士の義務**

介護福祉士の義務として従来,1）信用失墜（しっつい）行為の禁止,2）秘密保持義務,3）医療関係者との連携が規定されていた。しかし,介護福祉士を取り巻く環境の変化をふまえ,個人の尊厳の保持や自立支援,認知症などの心身の状況に応じた介護を行う「誠実義務」「福祉サービス関係者等との連携」「資格取得後の自己研鑽」などについて新たに規定された。

義務規定の具体的な条文を以下に示す。

①　**誠実義務**

第44条の2　社会福祉士及び介護福祉士は,その担当する者が個人の尊厳

を保持し，その有する能力及び適性に応じ自立した日常生活を営むことができるよう，常にその者の立場に立つて，誠実にその業務を行わなければならない。

② **信用失墜行為の禁止**

第45条　社会福祉士又は介護福祉士は，社会福祉士又は介護福祉士の信用を傷つけるような行為をしてはならない。

③ **秘密保持義務**

第46条　社会福祉士又は介護福祉士は，正当な理由がなく，その業務に関して知り得た人の秘密を漏らしてはならない。社会福祉士又は介護福祉士でなくなつた後においても，同様とする。

④ **連携**

第47条　社会福祉士は，その業務を行うに当たつては，その担当する者に，福祉サービス及びこれに関連する保健医療サービスその他のサービス（次項において「福祉サービス等」という）が総合的かつ適切に提供されるよう，地域に即した創意と工夫を行いつつ，福祉サービス関係者等との連携を保たなければならない。

第47条第2項　介護福祉士は，その業務を行うに当たつては，その担当する者に，認知症（介護保険法〔平成9年法律第123号〕第8条第16項に規定する認知症をいう。）であること等の心身の状況その他の状況に応じて，福祉サービス等が総合的かつ適切に提供されるよう，福祉サービス関係者等との連携を保たなければならない。

⑤ **資質向上の責務**

第47条の2　社会福祉士又は介護福祉士は，社会福祉及び介護を取り巻く環境の変化による業務の内容の変化に適応するため，相談援助又は介護等に関する知識及び技能の向上に努めなければならない。

(3) 名称の使用制限

介護福祉士と社会福祉士資格は，名称独占の資格である。名称独占とは，国家資格の名称を保護することを目的に，登録による有資格者だけがその名

称を使用することができるという法的規制である。この規定に違反する者は，第53条の罰則規定により30万円以下の罰金に処せられることになる。

しかし，有資格者でないとその業務に携わることができないという医師や看護師のような業務独占の資格ではない。具体的には，名称の使用制限として以下のように規定されている。

【名称の使用制限】

第48条 社会福祉士でない者は，社会福祉士という名称を使用してはならない。

第48条第2項 介護福祉士でない者は，介護福祉士という名称を使用してはならない。

3　介護福祉士養成課程の変更

(1)　資格取得方法の見直し

2007年（平成19年）の社会福祉士及び介護福祉士法の改正以前は，介護福祉士の資格取得方法は大別して3通りあり，①介護の実務経験を3年以上経て国家試験を受験する方法，②福祉系高校で厚生労働大臣が定める教科目及び単位数を修めて卒業し国家試験を受験する方法，③厚生労働大臣が指定した介護福祉士養成施設を卒業する方法があった。

しかし，2006年（平成18年）12月12日社会保障審議会福祉部会での「資格を取得するためにはすべての者が国家試験を受験するという形で資格取得方法の一元化を図るべき」との意見をふまえ*〈文献(1)〉，2007年（平成19

---

*　社会保障審議会福祉部会で2006年（平成18年）9月以降4回にわたって審議が行われ，取りまとめられたのが「介護福祉士制度及び社会福祉士制度の在り方に関する意見」である。この意見書では，介護福祉士制度及び社会福祉士制度の在り方にかかわる事項のうち，とりわけ養成の在り方について法改正を視野に入れ，取りまとめられた。また，福祉人材の確保については，社会福祉法に基づく「社会福祉事業に従事する者の確保を図るための措置に関する基本的な指針」の見直しなどについて検討を行っていく方針が提言された。

年)12月,「社会福祉士及び介護福祉士法等の一部を改正する法律」(平成19年法律第125号)により,資格取得方法の見直しが行われた。

これまでの3つの資格取得方法のいずれにおいても,資質の向上を図るため,すべての者は一定の教育プロセスを得た後に国家試験を受験することとなった。これにより,国家試験を免除されていた介護福祉士養成施設ルートでは平成24年度すなわち2013年(平成25年)1月から,国家試験の受験が課されている。

(2) 新カリキュラムの特徴

2007年(平成19年)の社会福祉士及び介護福祉士法の改正に伴い,厚生労働省は介護福祉士養成課程での教育内容の基準を示した〈文献(2)(3)〉。

すべての養成教育課程で時間数の拡充を行い,例えば,高等学校卒業者などが養成施設などにおいて2年以上必要な知識・技能を学ぶ課程(2年課程)では,これまで1,650時間以上と定めた課程を,介護が実践の技術であるという特徴をふまえ1,800時間以上の課程に拡充した。

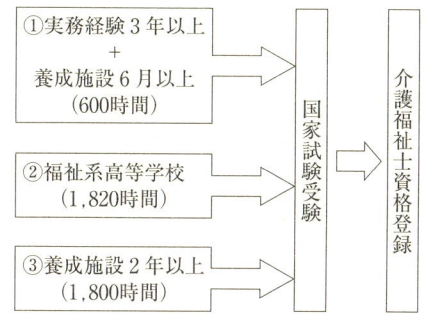

図2-1 介護福祉士資格取得方法の見直し

出典:厚生労働省社会・援護局「社会福祉士及び介護福祉士法等の一部を改正する法律案について」(平成19年3月)から一部改変

①実務経験3年以上 + 養成施設6月以上(600時間)
②福祉系高等学校(1,820時間)
③養成施設2年以上(1,800時間)
→ 国家試験受験 → 介護福祉士資格登録

そして,介護を必要とする幅広い対象者に対して,基本的な介護を提供できる能力を身につけた介護福祉士を目指すための教育内容を「人間と社会」「介護」「こころとからだのしくみ」の3領域に再構成した。

「人間と社会」の領域では,介護の実践の基盤となる教養や倫理的態度を身につける。

「介護」の領域では,尊厳の保持や自立支援の考え方をふまえ,生活を支えるために必要な専門知識・技術を学ぶ。

「こころとからだのしくみ」の領域では、多職種協働や適切な介護の提供に必要な専門的知識・技術を学ぶ。各領域の具体的な教育目的は、表2-1のとおりである。

「人間と社会」の教育目的
1　介護を必要とする者に対する全人的な理解や尊厳の保持、介護実践の基盤となる教養、総合的な判断力及び豊かな人間性を涵養する。 2　利用者に対して、あるいは多職種協働で進めるチームケアにおいて、円滑なコミュニケーションをとるための基礎的なコミュニケーション能力を養う。 3　アカウンタビリティ（説明責任）や根拠に基づく介護の実践のための、わかりやすい説明や的確な記録・記述を行う能力を養う。 4　介護実践に必要な知識という観点から、介護保険や障害者自立支援法を中心に、社会保障の制度、施策についての基礎的な知識を養う。また、利用者の権利擁護の視点、職業倫理観を養う。
「介護」の教育目的
1　介護サービスを提供する対象、場によらず、あらゆる介護場面に汎用できる基本的な介護の知識・技術を養う。 2　自立支援の観点から介護実践できる能力を養う。 3　利用者のみならず、家族等に対する精神的支援や援助のために、実践的なコミュニケーション能力を養う。 4　多職種協働やケアマネジメントなどの制度の仕組みを踏まえ、具体的な事例について介護過程を展開できる能力を養う。 5　リスクマネジメント等、利用者の安全に配慮した介護を実践する能力を養う。
「こころとからだのしくみ」の教育目的
1　介護実践に必要な知識という観点から、からだとこころのしくみについての知識を養う。 2　増大している認知症や知的障害、精神障害、発達障害等の分野で必要とされる心理的社会的なケアについての基礎的な知識を養う。

表2-1　3つの領域の教育目的

出典：社会福祉士及び介護福祉士法第39条第1号の介護福祉士養成施設関係別表1から著者改変

(3) 資格取得時の介護福祉士養成の目標と求められる介護福祉士像

法改正に向けて、2006年（平成18年）1月「介護福祉士のあり方及びその養成プロセスの見直し等に関する検討会」が、厚生労働省社会・援護局長の私的懇談会として設けられた〈文献(4)〉。そして「求められる介護福祉士像」について明らかにし、表2-2の12項目を提言した。

この報告書の内容は、介護福祉士の現状と課題をふまえて求められる介護

第2章 介護福祉士の役割と機能を支えるしくみ

> 1）尊厳を支えるケアの実践
> 2）現場で必要とされる実践的能力
> 3）自立支援を重視し，これからの介護ニーズ，政策にも対応できる
> 4）施設・地域（在宅）を通じた汎用性ある能力
> 5）心理的・社会的支援の重視
> 6）予防からリハビリテーション，看取りまで，利用者の状態の変化に対応できる
> 7）多職種協働によるチームケア
> 8）一人でも基本的な対応ができる
> 9）「個別ケア」の実践
> 10）利用者・家族，チームに対するコミュニケーション能力や的確な記録・記述力
> 11）関連領域の基本的な理解
> 12）高い倫理性の保持

表2-2 求められる介護福祉士像

福祉士像を明らかにし，①資格制度のあり方，②教育内容の充実，③実習のあり方，④介護福祉士養成施設のあり方，⑤資格取得後の生涯を通じた能力開発とキャリアアップ，⑥魅力と働きがいのある職場づくりについての提言であった。

この主旨に添い，社会保障審議会福祉部会「介護福祉士制度及び社会福祉士制度の在り方に関する意見」〈2006年（平成18年）12月12日〉がまとめられた。そして，厚生労働省は，これらの資質を獲得するための具体的教育目標として，資格取得時の到達目標を次の11項目にわたり定めた。

> **介護福祉士資格取得時の到達目標**
> ①他者に共感でき，相手の立場に立って考えられる姿勢を身につける。
> ②あらゆる介護場面に共通する基礎的な介護の知識・技術を習得する。
> ③介護実践の根拠を理解する。
> ④介護を必要とする人の潜在能力を引き出し，活用・発揮させることの意義について理解できる。
> ⑤利用者本位のサービスを提供するため，多職種協働によるチームアプローチの必要性を理解できる
> ⑥介護に関する社会保障の制度，施策についての基本的理解ができる。
> ⑦他の職種の役割を理解し，チームに参画する意義を理解できる。
> ⑧利用者ができるだけなじみのある環境で日常的な生活が送れるよう，利用者ひとりひとりの生活している状態を的確に把握し，自立支援に資するサービスを総合的，計画的に提供できる能力を身につける。
> ⑨円滑なコミュニケーションの取り方の基本を身につける。
> ⑩的確な記録・記述の方法を身につける。
> ⑪人権擁護の視点，職業倫理を身につける。

4　介護福祉士の登録状況

　介護福祉士の登録者数は，88万9,613人〈2010年（平成22年）4月末現在〉で年々増加している。内訳は国家試験合格者が62万3,785人，養成施設からの登録者が26万5,828人で，国家試験合格者の占める割合が多く，この傾向は変わらない。今後，平成25年1月には養成施設卒業者にも国家試験の受験を課すことになる〈2012年（平成24年）4月1日施行〉。すべての者が国家試験に合格後，介護福祉士登録簿への登録が完了し，登録証の交付を受けて介護福祉士となることができる。

5　介護における専門職能団体の役割，機能

　介護福祉士は資格取得後も，介護を取り巻く環境の変化や介護技術の進歩に対応するため，生涯にわたって自己研鑽し，介護の専門的な能力の向上に努める必要がある。専門職としての知識・技術・倫理観の向上，社会的地位の維持や改善を図り，自らの職種の専門性を追求することが職能団体の役割である。

(1)　日本介護福祉士会

　社団法人日本介護福祉士会は，介護福祉士の職業倫理及び専門性の確立，介護福祉に関する専門的教育及び研究の推進並びに介護に関する知識の普及を図り，介護福祉士の資質及び社会的地位の向上に資するとともに，国民の福祉の増進に寄与することを目的とした専門職能団体である。1994年（平成6年）に設立された。

　また，1995年（平成7年）に介護福祉士の目指すべき専門性と職業倫理について定めた「日本介護福祉士会倫理綱領」を宣言した。

　専門性の向上と，相互発展のための学術研究活動として2003年（平成15年）日本介護福祉学会を設立した。

第 2 章　介護福祉士の役割と機能を支えるしくみ

(2) 日本介護福祉士会の事業内容

　日本介護福祉士会は，その定款(ていかん)に 6 つの事業内容を定めている。①介護福祉士の職業倫理並びに専門的知識及び技術の向上に関する事業，②介護福祉に関する調査研究に関する事業，③介護福祉士教育機関その他関係団体との連携及び協力に関する事業，④介護福祉の普及啓発に関する事業，⑤介護福祉士の相互福祉に関する事業，⑥その他日本介護福祉士会の目的を達するために必要な事業である。

　2009 年（平成 21 年）度の事業計画書における〈文献(5)〉，具体的な内容は下記のとおりである。

①介護福祉士の職業倫理並びに専門的知識及び技術の向上に関する事業として，専門分野に関する事業と各種研修に関する事業を行う。

②介護福祉に関する調査研究に関する事業として，就労実態と専門性の意識に関する調査研究，介護報酬改定の取り組み状況の検証と評価に関する調査研究を行う。

③介護福祉士教育機関その他関係団体との連携及び協力に関する事業として，保険・医療・福祉の各団体との連携強化，必要に応じ，他団体，機関，研究所等との連携，後継者の育成，各支部事業への支援協力，介護福祉士国家試験（実技試験）の実地試験委員派遣協力を行う。

④介護福祉の普及啓発に関する事業として，介護の日（11 月 11 日）に関する事業の実施，日本介護福祉士会ニュースの充実・発行，ポスター・パンフレットの作成，ホームページによる情報提供，国家試験受験対策事業の実施，介護支援専門員実務研修受講試験受験対策，介護に関する出版物の発行及び協力を行う。

⑤介護福祉士の相互福祉に関する事業として，各種保険制度への団体加入，会員証付帯福利厚生制度の充実を行う。

⑥その他日本介護福祉士会の目的を達するために必要な事業として，制度政策検討に関する事業，倫理委員会において会員の倫理規定や倫理綱領を見直す，組織財政運営，災害救援事業の充実，学術研究活動，第三者評価事

業の実施・介護サービスの情報の公表事業の推進を行う。

(3) 生涯研修制度体系

　日本介護福祉士会では，介護福祉士の資質の向上と職業倫理の向上のため，さまざまな研修の場を提供している。2000年（平成12年）から，独自の研修制度を実施してきたが，2004年（平成16年）に全国社会福祉協議会の「介護サービス従事者の研修体系のあり方に関する研究会」による提言との整合性を図るため，2006年（平成18年）度からは，提言に盛り込まれたファーストステップ研修を試行的に実施してきた。この研究会の報告書「介護サービス従事者の研修体系のあり方について―キャリア開発支援システムの研修カリキュラムについて」最終まとめ〈2006年（平成18年）3月〉の中で，資格取得後の現任研修として次のものが考えられた。

①ファーストステップ研修：経験能力の違いを補完し，尊厳を支えるケアを実行できる判断力などを育て，キャリア形成のための共通の能力基盤をつくる研修。
②技能研修：介護職員に求められる幅広い知識・技術を習得するためのテーマ別の研修。
③セカンドステップ以上の研修体系：組織志向・教育志向・熟練志向というキャリアパスに応じた研修。

　そして，資格取得後，一定の教育を行ったうえで認定を行う専門介護福祉士の仕組みについても，熟練志向のキャリアパスに応じた研修として検討した。介護福祉士は幅広い対象者に対する基本的な介護を提供する能力を持つが，さらに，重度の認知症や障害への対応，管理能力（サービスの質・人的資源・運営管理など）の分野について，より専門的対応のできる人材育成の仕組みの導入である。

　また，2007年（平成19年）8月に厚生労働省から告示された「社会福祉事業に従事する者の確保を図るための措置に関する基本的な指針」〈2007年（平成19年）8月28日厚生労働省告示第289号〉では，人材確保の方策の一つとして，キャリアアップの仕組みの構築を挙げ，「福祉・介護サービス分野に

おけるキャリアパスに対応した生涯を通じた研修体系の構築を図るとともに，施設長や従事者に対する研修等の充実を図ること」を職能団体が，経営者や国，地方公共団体などとともに主体となって取り組むとしている。

　このような状況に対応し，日本介護福祉士会では，キャリアアップの仕組みとして生涯研修制度を構築している。生涯研修のスタートは「介護福祉士」の資格取得後，日本介護福祉士会の会員になった時点である。そして，初任者研修の上にファーストステップ研修，さらに専門介護福祉士の研修が積み上げられていく。初任者研修は，資格取得後実務経験2年未満の者を対象としている。ファーストステップ研修は，資格取得後実務経験2年以上の者を対象としている。専門介護福祉士の研修は，認知症の専門介護福祉士の試行研修を2007年（平成19年）度より実施している。

（原田理恵）

引用文献

(1) 社会保障審議会福祉部会「介護福祉士制度及び社会福祉士制度の在り方に関する意見」〈2006年（平成18年）12月12日〉。http://www.mhlw.go.jp/shingi/2006/12/s1212-4.html
(2) 「社会福祉士養成施設及び介護福祉士養成施設の設置及び運営に係る指針について」〈2008年（平成20年）3月28日厚生労働省社援発第0328001号〉。
(3) 「社会福祉士学校及び介護福祉士学校の設置及び運営に係る指針について」〈2008年（平成20年）3月28日厚生労働省社援発第0328002号〉。
(4) 介護福祉士のあり方及びその養成プロセスの見直し等に関する検討会「これからの介護を支える人材について―新しい介護福祉士の養成と生涯を通じた能力開発に向けて―介護福祉士のあり方及びその養成プロセスの見直し等に関する検討会報告書」〈2006年（平成18年）7月5日〉。
(5) 社団法人日本介護福祉士会ニュース2009年（平成21年）6月15日号。

第 3 章

尊厳を支える介護

　介護の対象となる人は何らかの疾患(しっかん)や障害を持ち，生活の困難を抱(かか)えている。そのような対象者への生活の支援は個人の尊厳を守りながら，QOL（生活の質，p. 42 参照）の向上を目指すことが究極の目的となる。介護は，人は生まれながらに尊い存在であるということへのしっかりとした認識のうえに成り立つものでなくてはならない。介護の対象となる人を尊重し，また介護者自身も同時に尊重される存在でなければならない。本章では，介護は生活を支えること，つまり対象者の尊厳を支えることに他ならないことを学ぶ。

1　尊厳される人間の理解

(1) 尊厳される生命の誕生

　約 46 億年前に太陽系が誕生し，太陽の周りを回る惑星の一つとして地球が誕生した。地球の進化の中でたった一つの生命が誕生し，その生命がやがて簡単な仕組みの単核生物に進化し，さらに 10 数億年をかけてだんだんと複雑な真核生物に進化した。それから 35 億年以上をかけて，生き物（生命体）は多細胞生物へと発展し，厳しく長い生命体の進化の歴史を経てやっと人類は 700～500 万年前頃に誕生したといわれる。

　人間は生命体の最も発展した存在として，二足歩行から脳の発達を促(うなが)し，脳の発達が「こころ」を生み，「こころ」が「文化」を築いてきたといわれ，いま人間は地球と生態系を支配する最高峰として存在しているのである。

(2) 尊厳される生命の進化

一人ひとりの人間は人類の祖先から長い歴史を経た尊い生命を継承し，次世代へ引き継ぎ，尊厳される生命の歴史を繰り返している。

　生きるものにとって本来の目的は子孫を残すことであり，生命進化の過程でそれぞれの種属にあった進化を選択してきたのである。例えば，鮭は産卵期の秋から冬にかけて，海から生まれた川にさかのぼっていき，上流の砂底に穴を掘り，そこへ産卵し産卵後は死ぬ。一方孵化した稚魚は，春には川を下って海に出て回遊する。2～5年で成魚になって再び生まれた川に戻り産卵する。しかし，孵化し自然界で最後まで生き延びる確率はほんのわずかであるため，子孫を絶やさないようたくさん産卵している。

　ところが人間は生殖年齢に達するまでに通常13年以上かかり，妊娠期間は10ヵ月におよぶ。1度に生む数も普通は一人である。そこで，子供が成長するまで大切に育てられるように生命を残すシステムを遺伝子に組み込み，親の寿命を長くして進化したといわれる。

(3) 老いと高齢者

　人間は子孫を残した後，100歳を過ぎるか100歳に満たないまま誰でも「死」を迎えるように進化してきたが，自分らしくよりよく暮らしていきたいという側面を持っている。「老い」とは個人の心の中の問題で自分を見つめ，自分を追求する時であるが，「老い」の時間を与えられ，人生の残り時間を自覚することができる生き物は人間だけなのである。

　老化が進んだ人の数が増加すると高齢社会になる。高齢者は年とともに重ね得た貴重な経験や知識，物事の本質を見抜く能力，先見性，精神的な強さなどを身につけているが，遺伝的・生得的な保証がなくなるので，精神的，身体的に環境の変化に対する適応能力が減退し，記憶力，記銘力，視力，聴力，体温調節などの生理機能や，足，腰の身体機能の低下とともに回復力も減退してくる。

　そのため，さまざまな生活習慣病や感染症に罹患しやすく，多くの合併症及び非典型的な症状やきわめて複雑な症状が出現し，発症してしまうと治療が難しい場合も多い。さらに，骨粗鬆症，認知症，動脈硬化症など，高齢

者に特有な老年病があり，心理的・社会的影響を受けやすい状況の中で医療や福祉の必要性が高まってくるのである。

2　QOL

(1)　QOLと介護

　QOL（生活の質；Quality Of Life）は，もとは環境評価に用いられていた言葉で，個人にとっての生命・生活・人生を含めた総合的な「ライフ」の質の向上と充実を図ることの重要性を強調するために用いられていた。それが「生活の質」と訳され，医療評価にも用いられるようになった。最近では個人を主体とし，個人が感じるその人の生命の質と生活の質の満足度のことを表している。

　例えば，高齢者が骨折すると，自立していた日常生活からたちまち要介護状態となり，一瞬にしてQOLを低下させてしまう恐れがある。また，個人がどこに生きがいや価値を置くかによって個人の生活の質が変わり，介護者に求められる支援も異なってくる。

　医療においては，疾病の予防，治療，回復，健康の保持，増進という側面があり，がん末期患者のペインコントロールに見られるように，疼痛から解放され，笑顔のある快適な生活を選択し，ただ延命治療により生き長らえるよりも，短い期間でもQOLの高い生活を望むという認識が近年では常識となっている。

　一方福祉では，生活の質，生活の維持，回復という側面があり，介護の対象にある人は，①高齢の人あるいは加齢に伴い生ずる疾病などにより自立した日常生活を営むうえで支障がある人，②初老期における認知症や脳血管性の疾病を持ち，運動機能，知的機能，精神機能などの障害で介護，機能訓練，看護，療養上の管理などが必要な人である。

　そのため高齢者及び家族のQOL向上のために，対象者と直接かかわる介護職に求められる役割と期待が大きいといえる。介護者は高齢者を正しく理

第3章　尊厳を支える介護

解したうえで，生活習慣を尊重する気持ちを持ち，高齢者の QOL を高めるケアを提供することが必要となるのである．

(2) QOL を支える介護

QOL を支える主な介護内容は
① **日常生活に必要な活動の援助**
1) 家事援助：掃除や洗濯，部屋の整理整頓，調理など
2) 身の回りの援助：外出時の送迎，入浴，食事，排泄（はいせつ），更衣（こうい）など
3) 健康管理：服薬の介助（かいじょ），水分補給，医療機関への連絡，病院受診への付き添いなど
4) 社会活動援助：家族や近隣の対人関係の仲立ち，余暇活動の参加など
② **家族に対する介護の相談・指導**
1) 介護の相談，指導　　2) 調理・栄養に対する助言
③ **医療関係者や他職種との連携**
1) その他の介護職員や医療職員，家族との連絡，連携
2) 介護計画の立案　　3) 介護記録の記載

などがある．特に対象者の生活の質，生活の維持，向上を目指し，医療従事者と連携し疾病の予防に努めることや，対象者の生活全体を捉（とら）え，生活を楽しめるように生活のリズムを整えることが必要である．そして，対象者が生きがいを持って社会活動・民間活動に参加し，よりよい人生を送れるように，対象者が望む生活の場で暮らせるための支援が求められる．

介護者は一人ひとりの生活機能を理解し，コミュニケーション能力などをはじめ，身体・心理的状況を把握したうえで，対象者の尊厳を支える介護を展開することが必要となる．

また，医療（特に看護）における介護は，すべての人が対象であり，健康状態が不安定で時には救命救急治療を要する人もあり，健康の回復，維持，増進につなげていく要素が強くなる．

いずれにしても介護の対象者は医療ときわめて密接な関係を保ちながら生活する必要のある人だといえる．したがって，介護者は医療従事者との連

携・協力・分担の体制を確立していくことが必要となるのである。

3　ノーマライゼーション

(1) ノーマライゼーションの考え方

　1950年代後半，デンマークで知的障害児が施設に収容され地域社会から隔離されて生活していることに関し，障害者は障害に関係なく地域社会の市民と同じ生活をする権利があり，そのようなことが可能な社会こそがノーマルな社会であるという人権運動が生まれた。この福祉の思想を源泉とする人権運動は「普通の市民としての生活の確保」という意味を表すデンマーク語の「ノーマリセーリング」が使われ，「ノーマリセーリング」が「ノーマライゼーション」と英訳された。ノーマライゼーションの理念は，「その人らしい生活を続けていけるよう支援していくこと」である。

　1959年，デンマークで知的障害者の基本的人権の尊重ならびに障害に関係なく普通の市民として社会生活を可能にするための法として「1959年法」が成立した。1975年に「障害者の権利に関する宣言」が国際連合総会で決議され，障害者の基本的人権と障害者問題に関する指針が世界に示された。そして「1981年を国際障害者年とする」と国際連合は決議し，肢体不自由，視覚障害，聴覚障害，知的障害，精神障害などすべての障害者が地域社会の他の市民と同じように，同一年齢の市民と対等の権利と機会を享受して共生できることを推し進めた。

　障害者の個人生活や社会的活動においては可能な限り，普通の条件のもと，普通のやり方で個人の能力を発揮できるように，物理的な壁，法的行政的な壁，精神的な壁など，できるだけ除去する努力が必要となる。また，障害者が特別なケアを必要とする場合は，当然必要なケアが提供される。それらを通して，障害者が社会の発展に貢献できる道を開くことができるのである。

(2) ノーマライゼーションと高齢者の生活支援

わが国で「ノーマライゼーション」は，1981年の国際障害者年以降に受け入れられた。高齢者をはじめ，中途障害者，先天性障害者への対応，若年障害者から高齢障害者への対応など，常に対象者の個別的な心身の状況を把握しながら，一人ひとりが住みなれた地域社会の中で，つつがなく暮らせるように生活全体を整えていくことが必要となった。

そのためには，まず身体障害者や精神障害者など各種障害者に対する誤解や偏見の解消努力（バリアフリー化）が求められている。

高齢者や障害者の生活の場は，急性期（入院期間2週間以内）あるいは回復期（入院期間6ヵ月前後）の医療の場から，慢性期（回復期以降）は地域生活の場へと移動する。継続支援の担い手は家族形態により異なるが，一般的に家族の場合が多く，障害者を支援する人たちは専門職から住民まで幅広い。

また，特定の価値観を問われないために，かかわる人や職種は多く，それぞれがオーバーラップすることも多く，障害者にやさしい生活支援を目指し，各ケースに応じたチームリーダーを決め，お互いの垣根(かきね)を越えて情報提供をしながら連携していくことが求められる。

(3) ノーマライゼーションと若年者の生活支援

若年者のノーマライゼーションとしては，運動・感覚・精神機能障害・治療・訓練，失語(しつご)・失行(しっこう)・失認(しつにん)などの対応がある。

慢性期，治療経過が緩慢で障害の回復に時間がかかる場合は，記憶・計算力の障害，注意・見当識(けんとうしき)の障害，意欲・意志の障害，思考の障害・病態否認などがある。記憶・注意機能障害への対応や記憶・注意は生活するうえで大きな障害となるため，ともに暮らす家族とのトラブルになる場合があり，具体的な手続きや対処，人格・情動障害への対応などのケアが必要となる。

4　対象者中心の介護

(1) 介護と法

人間が生きていくための基本として「法」がある。「法」の頂点である「日本国憲法」の最高の位置は，第3章「国民の権利及び義務」，第13条「個人の尊重・幸福追求権・公共の福祉」である。その内容は「すべての国民は，個人として尊重される。生命，自由及び幸福追求に対する国民の権利については，公共の福祉に反しない限り，立法その他の国政の上で，最大の尊重を必要とする」〈文献(1)〉と述べられている。

　したがって，第13条は「日本国憲法」における最高の価値と位置付けられ，「個人の尊重」は憲法の頂点に存在することになる。そのため，生きていくどんな場面においても，人間には誰にも一人ひとりの生命の尊厳，人間の尊重があり，個人の意思が最も尊重されるということになる。そしてどんな時にも個人の意思が尊重されるということは，個人（自分）のことは個人（自分）で決めるという権利であり，個人（自分）には「自己決定権」があるということになる。

(2) 介護と納得・同意

　生活している人間の生命の尊厳，人間の尊重，自己決定権を支えるためには，一人ひとりの権利を尊重し，対象者の視点で思考し，対象者の納得・同意に基づく介護を提供することが介護の基本となる。

　対象者が自己決定するためには，介護者からさまざまな情報提供や説明が必要となり，その説明を受けて対象者が理解し納得できれば自己決定は容易となる。しかし，介護の対象者には，高齢者あるいは聴覚機能障害や構音障害，大脳機能障害などを有し，自己決定が困難な人が多いため，その人の状況に即した説明方法を工夫することが必要となる。

　例えば，「読む」「聞く」という言語を理解することはできるが，「話す」「書く」という言語を表出することができない人には，「はい」「いいえ」で答えられる説明方法にしてみる。あるいは身振りや表情，目の動き，態度，ジェスチャーなど非言語的コミュニケーションにより，対象者の気持ちを読み取ることが必要となる場合もあるだろう。したがって，対象者の尊厳を支えるために介護者は言語的・非言語的コミュニケーション技術を高めることが求

められる。さらに，意思確認が困難な場合を予測し，あらかじめ家族から対象者の代理人を聞いておくことも必要となる。

(3) 納得・同意と3つのステップ

介護者が対象者に対し，介護を実施しようとする時，対象者の尊厳を支えるためには，必ず対象者の納得・同意が必要とされる。対象者の納得・同意を得るためには次のような3つのステップが考えられる。

1段階　情報提供

介護者から対象者（または家族）に情報提供する。
① 介護者は意思疎通（そつう）を図るために対象者のそばに行く。
② 介護者は対象者の視界に入る位置に立ち，腰を低くし，対象者と目線を合わせる。
③ 「おはようございます」「こんにちは」など明るい声で挨拶（あいさつ）を交わす。
④ 「今からお世話させていただく○○です」というように自己紹介するなどしてコミュニケーションをとる。
⑤ 対象者の気分，食欲，熱感，疼痛など健康状態を把握する。
⑥ 対象者の状態（失語症や認知症など）を考慮し，ゆっくり，丁寧に，時には身振りや手振りを活用して，これから行おうとする1）介護の目的，2）プライバシーを保護しながら安全に行う方法，3）生活機能をより向上させるための支援などについて説明や情報提供をする。

2段階　討議する，話し合う，理解する

介護者と対象者が話し合うプロセスを通じて，対象者が情報の内容を理解する。
① 対象者はこれから行われようとする介護について不安に思うこと，わからないことなどを質問し，いま介護してもらいたくない気持ちがあれば，それを表出する。
② 介護者は対象者に一方的な説明にならないよう対象者の表情や態度，言葉に気を付け，対象者の理解度をやさしく確認し，気持ちを受け止めながら対象者が意思決定できるレベルまで理解できるように話し合いを

する。
③　介護者と対象者が十分話し合うというプロセスを繰り返す。
④　③を通じて，対象者は自分に最も適した介護について理解する。

> 3段階　理解に基づく納得・同意，自己決定

対象者は理解に基づき，予定されている介護（食事，入浴，移動，更衣，排泄など）について納得・同意したうえで介護を受けるか否かを自己決定する。

①　対象者は，理解に基づく納得・同意，及び自己決定したこと（あるいは拒否すること）を介護者に伝える。
②　介護者は対象者のプライバシーを保護しながら安心，安全な方法で，利用者の意向や意思を尊重した介護を行うこと（あるいは拒否を受け入れること）を伝える。
③　介護者は介護に必要な物品準備にかかること（あるいは予定した介護をいまは取りやめること）を対象者に伝える。

　　　　　　　　　　　　　　　　　　　　　　　　　　（溝上五十鈴）

参考・引用文献

(1) 青山善充・菅野和夫編『六法全書Ⅰ』有斐閣，2004年，36頁。
(2) 佐藤昭夫，佐藤優子『人間科学概論』第2版，人間総合科学大学，2004年，14-27頁，52-77頁，79-87頁，133-146頁，199-200頁。
(3) 本田克也，加藤幸信，浅野昌充他『看護のための「いのちの歴史」の物語』現代社，2007年，15-28頁。
(4) 田沼靖一『ヒトはどうして老いるのか』筑摩書房，2002年，29-41頁，153-190頁。
(5) 仁木輝緒『生命の誕生』人間総合科学大学，2001年，8-36頁。
(6) 鈴木勉『20世紀と障害福祉，障害者問題研究』第27巻，第4号，障害者問題研究編集委員会，2000年，298-305頁。
(7) 荒井蝶子『看護管理その3』第2版，日本看護協会出版会，1995年，141-144頁。
(8) 荘村多加志『社会保障の手引き』中央法規出版，2006年，32-40頁，105-113頁，139-146頁。

第 4 章
自立に向けた介護

本章では「自立（自律）」の意味について深く考える。そして、介護の重要な目的である対象者への「自立（自律）支援」について、その必要性を十分に認識する。また、介護職者としてその目的を達成するための手段としてのリハビリテーションに視点をあて、その意味と目的を理解する。さらに自立を支えるための手段として、近年の社会福祉援助技術の根幹となるエンパワーメントやアドボカシーの概念などについて学ぶ。

1 自立とは何か

(1) 自立

① 自立の言葉の意味

自立という言葉は、他からの援助や支配を受けずに自分自身の力で身を立てるという意味である。言い換えると、「ひとり立ち」ということであり、依存や受け身から脱し、主体的に自分の足で立つことである。反対語は依存である。英語では自立のことを independence（インデペンデンス）と訳す。この語句は独立という意味を持ち、外部からの働きかけや影響を受けつつ、独自の判断によって行動することを意味する。また、自力という言葉は、その使われる場面において、複数の意味を持つ言葉であり、どちらかといえば、曖昧な語として使われるのが特徴である。

② 3つの自立

自立といえば、一般に「身体的な自立」と「社会的な自立」の2つの意味で使われることが多い。「身体的な自立」とは、食事や排泄、入浴、衣類の着脱など、これらの日常生活動作が他者の手助けを受けずに1人でできること

をいう。このことは，身辺自立として理解されている。幼児期の子供の発達成長や，高齢者や障害者への支援においてよくこの意味で自立が使われている。また，日常において行われているリハビリテーションの一般的な目的とされるのが，この「身体的な自立」の場合であることが少なくない。

次に，「社会的な自立」としては，生活するにあたって必要とする経費を得るために安定した職業に就き，収入を得て他者から経済的な援助を受けずに生活を送ることである。このことは，職業自立としても理解されている。公的扶助や生活保護制度の目標は，この自立が達成され，社会的な支援サービスが不要になることと考えられ，生活保護の根本的な目的の一つに自立助長がある。

生活保護制度の援助の目的は，経済的に自立することであり，職業自立ができ，社会福祉の支援などを受けないで経済生活の自立をすることである。つまり，社会人として一般社会で自らが生活を送ることと考えられる。また，この「社会的な自立」のことを職業自立に重きを置き，経済的な自立という場合もある。

このように，自立という言葉は「身体的な自立」と「社会的な自立」として使われている場合が多い。これらの自立が容易でない人たちが自立困難な人と定義され，何らかの社会福祉支援サービスが必要な対象者として位置付けられてきた。

私たちが日々の生活を送るうえで，「身体的な自立」と「社会的な自立」が必要なことは言うに及ばない。しかし，これらの自立だけでは生活を送るのに十分な条件を満たしているとはいえない。経済的，健康的に満たされていても，精神的に満たされていなければ日常を無意味に生きているだけで，決して人間としての豊かさはあり得ない。精神的に満たされることが「精神的な自立」であり，言い換えれば心の自立である。

「身体的な自立」「社会的な自立」に，この「精神的な自立」が加わることは，人間としての生活の豊かさの必要不可欠な条件である。

(2) 自立概念

① 自立生活運動（IL 運動）

　社会福祉の分野において，「身体的な自立」と「社会的な自立」に加えて「精神的な自立」が注目されるようになった背景には，1970年代にアメリカにおいて展開された障害者運動である自立生活運動（movement of independent living；IL 運動）の影響が大きい。重度の身体障害を持つ大学生たちが中心となって起こしたこの運動は，わずかな期間に全米に波及し，さらには北欧諸国やわが国にも大きな影響を与えた。

　当時のアメリカの障害者への福祉対策は，経済的に自立した「社会的な自立」と「身体的な自立」を目指した支援が中心として捉えられていた。それゆえに，経済効率を第一主義に考えられたリハビリテーションを重視する考え方が支持されていた。そのため，身辺処理に介助の必要な重度障害者は自立困難な人たちとして扱われ，隔離的，保護的な収容施設での生活を余儀なくされていた。そのような重度障害者の生活状況に対して，隔離された生活からの解放と地域社会への参加の推進を目指したのがこの自立生活運動であった。

　この運動が注目されたのは，これまでの「身体的な自立」と「社会的な自立」が中心の考え方に対して，新しい自立観を構築したことであった。それは，この運動の中で唱えられた自立生活の規定として「障害者が他の人間の手助けを多く必要とする事実があっても，その障害者がより依存的であるとは必ずしもいえない。人の手助けを借りて15分かかって衣服を着て仕事にも出かけられる人間は，自分で衣服を着るのに2時間かかるために家にいることしかできない人間より自立している」という文言がある〈文献(1)〉。

　そこには，たとえ重度の障害を持っていようが，他者に依存したり，支配されたりするのではなく，自分の人生さらには日々の生活は自分で決めること，つまり自己決定していくことに意義があり，そのことにおいて，一人の人間として真の自立が得られるという考え方が示されている。ここでの自立は，重度障害者への医療や福祉の処遇支援に対して，身体的機能の回復の見

通しとはかかわりなく，障害者の自己決定や自己実現への要求の充足を支えることであると考えられている。

この新しい自立観は，介助などのさまざまな手助けが必要であるならばそれらを利用しながら，自らの人生や生活のあり方を自らの責任において決定し，自らが望む生活目標や生活様式を選択して生きることを自立の概念と考えた。つまり，自己決定の行使が新しい自立概念として規定されたといえる。

このことは，言い換えるならば，「身体的な自立」や「社会的な自立」よりも増して，「精神的な自立」の意義を唱えたことである。「精神的な自立」があって初めて，「社会的な自立」の選択やその準備及び，「身体的な自立」の健康に対する主体的な取り組みも可能になる。

その背景には，1950年代に北欧のデンマークから起こったノーマライゼーション理念が大きな影響を与えたことは否定できない。自立生活運動は，それまで隔離され，人間らしい権利を剥奪（はくだつ）されてきた，身体的な自立が困難であり，さらに経済的な自立が不可能な重度障害者も自立を支援していく対象とし，地域生活の舞台へと導いてくることに成功した。このことは，北欧において展開されたノーマライゼーション理念とともに，今日のリハビリテーションや福祉の理念などにきわめて大きな影響を与えた。

② 自己決定

自己決定とは，自らにかかわることを自分で決めることであり，それは一人の人間として社会の中で生活する生活者として当然の権利である。自己決定の権利は，社会権，生存権と呼ばれる系列に属する権利でもある。つまり，社会の中で自己決定が尊重されることが，その人の存在への証（あかし）である。また，個人個人が求める自己決定の内容は，それぞれ違っているのが当然である。

ここで，自立概念としての自己決定の意義について整理する。自己決定とは，当事者が主体性を持ち，自己選択に基づいて自らが意思の決定をすることである。それは自己実現であり，個人の中に存在するあらゆる可能性に対して自らが進んで実現していく素晴らしいことである。しかし，自己決定にはその決定したことに対して自己責任が伴うことを決して忘れてはならない。

つまり，自己決定には反対側に自己責任が存在しており，自己決定と自己責任は表裏一体である。また，自己責任を伴わない自己決定は存在しないともいえる。

自己選択
 ＋
自己決定 → 自己実現 ＝ 自立・自律
  ↑↓
 自己責任

自立概念の関係

自立の概念において，自己決定と自己責任は対等な関係であるが，あまりにも自己責任を過度に強調しすぎることは，福祉や医療の対人援助サービスの現場においては，本来の目的から離れて，このことを責任の回避に利用する危険性を含んでいることも，福祉や医療の専門職として自覚しておかなければならない。

③ 自立と自律

自らの意志と責任において，自らの生活を営むことを自立と捉えた。その中で重要なキーワードとして用いられたのが自己決定であり，自己決定こそ自立概念として捉えられるべきである。

ここでいわれる自立とは，「自立」だけではなく「自律」の両方の言葉を用いることができる。「自律」とは，自らを律することであり，自分自身で自らの行為に対して責任を持って行うことである。この「自律」とは，先に述べた自立概念における自己決定と同じ意味である。

そして，自己決定が求める自己実現とは，個人の中に存在するあらゆる可能性を自律的に実現し，未来の自分自身に向かうことでもある。

2　自立を支える

(1) 自立支援

自立を支える支援とは，対象者が介護の必要な状態であったとしても，対象者の自己決定を支援し，人間らしく生きていると感じられるように支えることである。

人は人間として生きている以上，一人で生きていくことはできない。また，

着るものがあり，寝起きするべき住むところがあり，食べるものがあればそれだけで事足りるという単純な生命体ではない。まして，介護を必要とする状態であれば，なおさら一人では生きていくことはできない。だからといって，他者に依存し，自己の主体性を否定して生きていくことは，決して人間らしい生き方とはいえない。

　介護とは，高齢であっても，障害があっても，人が人として人間らしく生きるために支えていくことであり，それが介護が持つ本来の命題といえる。また，介護者は対象者がいかなる状態であっても，自分らしく生きていけることを常に考え続けなければならない。このことが，介護者に問われる姿勢であると自覚しておきたい。

(2) リハビリテーションと自立

① リハビリテーション

　リハビリテーションの定義としては，1982年の国連の「障害者に関する世界行動計画」の定義を用いることとする。この定義では，リハビリテーションとは，身体的，精神的，かつ社会的に最も適した機能水準の達成を可能とすることによって，各個人が自らの人生を変革していくための手段を提供していくことを目指し，かつ時間を限定したプロセスであるといわれている。

　このことから，リハビリテーションの目的は身体的機能に着目した訓練や再訓練だけでなく，身体的にも，精神的にも，また，社会的にもその人に最も適した機能水準の達成を可能とすることである。つまり，身体的機能の減退，喪失などの治療や訓練を目的とした医学的リハビリテーションだけでなく，職業的，教育的，社会的な領域でのリハビリテーションの役割と必要性が見直された。

　次に，リハビリテーションの目標やゴールは本人が決定することを強調し，リハビリテーションに時間的な限定を加えている。つまり，これまでのリハビリテーションの定義は専門家主導の意味合いが強かったが，リハビリテーションの内容は自分の生活を最もよく知っている本人が決めることであり，目標やゴールは本人の自己決定に基づいて成り立つと主張したことである。

リハビリテーションの目的とは，再び人間らしく生きられるようにすることであり，すなわち，全人間的復権がリハビリテーションの究極的な目的である。このことは，自立が目指す目的とも同じ考え方を根底に持ち，対象者の自立生活を支える大切な技術の一つとして位置付けられる。

② **医療モデルから生活モデル**

リハビリテーションを生活の自立に向けた支援技術であると考えると，従来の専門家主導の治療や訓練を中心とした医療モデルよりも，対象者の生活状況や社会生活を全体として把握し，対象者が自分らしい生活を求める生活モデルにリハビリテーションの役割があるといえる。そこで生活モデルのリハビリテーションを，治療や訓練を中心とした，従来のリハビリテーションの考え方をつつみこむ上位概念と考えたい。

病気の完治や職業復帰を目的とした身体的な自立や社会的な自立以外にもリハビリテーションの目的が広がり，リハビリテーションに対するニーズにも変化が起こった。そのニーズの変化からリハビリテーションに生活モデルが求められたことは当然のことである。リハビリテーションが専門家主導の医療モデルから，対象者が自らの生活全体を見つめる生活モデルへと進むべき方向が定まってくると，リハビリテーションは対象者の生活すべてをその対象として捉えなければならない。

生活とは，生存して活動することであり，世の中で暮らしていくこと，また，その暮らしをいう。暮らしとは，人間が生きるために行う諸活動のすべてを意味している。生活について考えると，「いかに生きるか」ということに始まる。「いかに生きるか」は，「いかに暮らすか」ということである。そこには，「どこで，どのようにして，暮らすか」が，大切である。このことを決めるのは対象者本人である。ここに，生活モデルの示すべき方向性があるのだろう。

つまり，対象者を生活者と捉え，対象者が社会の中で，主体性を持って生活が送れるように支援していくことが，生活モデルであり，自立を支えるリハビリテーションとしての役割である。

③ **ADL の向上から QOL の向上**

医療モデル中心のリハビリテーションの限界から，生活モデルのリハビリテーションへ転換が図られることで，職業生活だけでなく，人間としての家庭生活や文化・娯楽，その他の地域社会での生活における対象者の想いと，その障害に適した生活全般の質を高めることができる。

　こうして考えるとリハビリテーションの目的が，対象者のADL（日常生活動作；Activities of Daily Living）の向上をふまえたうえでのQOL（生活の質：Quality Of Life）の向上へと変換されたといえる。このことは，自立の支援を支える介護の方法であり，大切な考え方でもある。

　ADLとは，日常生活動作と訳され，普通の生活を送るのに必要な動作のことで，人間が日々の生活を送るうえで必要な基本的な身体動作のことである。食事，排泄，更衣，整容（身だしなみ），入浴などという身の回りの動作と移動動作（起居移動＝寝返り，起き上がり，座位，立ち上がり，立位，歩行），その他の生活関連動作（家事動作・交通機関の利用など）を指す。通常，ADLとは身の回りの基本動作と移動動作のことを意味している。

　一方，IADL（Instrumental Activities of Daily Living）という言葉がある。IADLとは，日常生活における動作の手段と訳される。ADLを基本とした日常生活上の複雑な動作のことである。具体的には，「食事を食べることができる」や「トイレに行って排泄ができる」「衣服を着替えることができる」「交通機関を利用して外出できる」など，日常の生活を送るうえでの「～することができる」能力のことで買い物や洗濯，電話，薬の管理，金銭管理，乗り物の利用など，そして最近では趣味活動も含めるようになっている。

　また，QOLは，生活の質と訳される。対象者を生活者として捉え，より尊厳を保つ生活を実現することができるように対象者を支援することが必要であるという考え方から生じたものである。QOLとは，対象者自身が自らを人生の主体者として，本人に相応した社会生活が実現できているかどうかということが問題となり，それは，対象者の個別の生活や人生を総合的に捉え，支援するものと解釈できる。

　ADLの自立のみが自立支援ではなく，たとえADLの自立が不可能であってもQOLを向上させることは，自立の概念としては対象者にとって意義が

あることと理解しておきたい。
　また，対象者のQOLの向上を重要視することは当然であるが，決してADLの向上に関する支援を軽く見てはいけない。対象者には，ADL，QOL両方への支援が必要である。

(3) 対象者の自立を促す支援

① エンパワーメント

　自立の概念として，対象者の自己決定が求められる支援の考え方にエンパワーメントがある。エンパワーメントとは，まず，介護者が対象者を受身で保護の必要な者と見るのではなく，主体的な生活者として捉え，接していくことである。そのことによって，対象者の持っている潜在能力が引き出され，自己決定や社会参加などを促す支援方法である。

　高齢や障害などで社会生活が不自由となったとしても，あきらめてしまうのではなく，介護サービスなどを利用することで生活を再構築することは可能である。エンパワーメントの支援とは，自らがそれらの問題を解決しようとする力（パワー）を発揮できるように支援することである。

　自己決定とは，自らが主体性を持って問題に向かっていくことであり，エンパワーメントは，その自己決定を促す支援の考え方である。

② インフォームド・コンセント

　インフォームド・コンセント（informed consent）とは，説明に基づく同意を意味し，説明とは相手に理解させる説明のことであり，同意とは自らが受けた説明を理解したうえでの同意である。

　単なる，説明と同意ではなく，そこには説明する側は，説明の内容を相手に理解させるという責任がある。同意する側においても，説明を理解したうえで納得をすることであり，自らが責任を持ったうえでの同意である。それは，説明する側と同意する側の両者にそれぞれの責任が伴うものである。

　対象者の自立を促す支援として，介護者は援助の内容やその意味，さらには必要性を，対象者にわかりやすく説明し，対象者は理解し納得したうえで決定することを心がけるようにしなければならない。

対象者の自己選択や自己決定を促すことは介護の基本であり，その過程でインフォームド・コンセントが必要であり，対象者の自立を保障する大切なことである。

③ アドボカシー

アドボカシー（advocacy）とは，弁護や支持と訳され，対象者の味方となって，その権利や利益を守るために代弁することを意味する。一般的に権利擁護として訳され，対象者の権利の代弁，権利の擁護のことを表している。

特に医療や福祉現場では，終末期の患者や重度の障害者，寝たきり高齢者，認知症高齢者など自らが自己の権利を十分に行使することのできない状態の対象者は少なくない。このような対象者の権利を守るために，このアドボカシーの機能が重要となる。

自己決定を行うのに何らかの障害がある対象者にとっては，その対象者に代わり代弁者となり得る専門職などの存在が必要となる。対象者の権利を擁護する代弁者の存在は，その人の自立を促す支援として必要である。

アドボカシーは，判断能力が不十分な状態で，自らが自己決定をすることは不可能として考えられていた対象者への自立を支援する方法であり，対象者の尊厳を守るためのものである。

(4) 措置制度から契約制度

介護保険制度，障害者自立支援法に代表されるように，福祉サービスは従来の措置制度から対象者とサービス事業者の契約制度へと変更された。このことは，わが国の社会福祉制度が対象者の自立を重んじる方向に進んでいることであり，社会福祉の構造の基盤の変革である。

措置制度とは，福祉サービスの提供にあたって，サービス実施の有無，提供者の決定，供給量などを措置権者である行政機関が一方的に決定する仕組みであり，措置の対象者は，自らの意志で利用するサービスやサービス事業提供者を選択できない仕組みとなっている。

一方，契約制度とは，必要とするサービスを対象者自らが選ぶという仕組みであり，サービス提供者やサービスの内容を対象者が自由に選択できるこ

とである。しかし，対象者が選んだサービスに対しては，対象者自らに責任が伴うことも理解しておきたい。

　今日の福祉サービスの対象者と事業提供者の間には，契約に基づいた対等な関係が成り立つ。対象者は，自らが利用する福祉サービスの自己選択や自己決定をしなければならない。そこには，自らが選択した福祉サービスに関しては自己責任が発生する。この契約制度に基づく福祉サービスは，社会福祉の制度面から対象者の自立を図っているといえる。

3　自立を支える介護

(1)　対象者の主体性

①　対象者の価値観の尊厳

　対象者は，いままでの生活で培ってきた生活習慣や文化を持っている。それゆえに，対象者一人ひとりの生活の仕方や方法が異なっていることは当然である。周囲からみると不合理に思われることでも，対象者本人にとってはいままでの生活の習慣から形成されたきわめて合理的なことである。

　対象者の生活の歴史から形成され，築かれたというべき生活習慣は，たとえ介護が必要な状態となり，他者からの介護や支援を受けている状態となったとしても修正されるべきものではない。介護者によってそのようなことがなされることで，対象者は自己の主体性が無視されたり，軽視されたとして不快な思いをし，対象者と介護者とのよりよい信頼関係は築けない。また，いままでに築かれていた信頼関係も一瞬にして崩れかねない。

　対象者の生活習慣や文化を認めたうえで介護を行うことは，対象者の価値観の尊重である。この対象者の価値観の尊重が，対象者の自立支援を行う介護の根底にある大切なことであると理解しておきたい。

②　見守りの介護

　対象者に対して，どのようなことでも手助けすることが決して対象者のためになるとはかぎらない。はたから見れば親切そうな態度に見えても，結局

は対象者の残存能力や自立性までも摘み取ってしまいかねない。必要以上の介助は，決して対象者のためにはならないことを十分に心がけて介護を行わなければならない。そのためには，最初に対象者の能力を正しく判断し把握しておくことが必要である。対象者がどこまで自分自身ででき，どこから介助が必要かということを介護者が知っておくことが，対象者が持ち得ている能力を最大限に引き出せる介護へとつながるのである。

　また，介護に依存的になる対象者には，自分でする喜びや達成感が感じられるように支援していくことが必要である。介護者が本人の代わりに行ってしまうほうが簡単で時間がかからないことであっても，そこからは対象者の自立性は高まらない。介護者が，忍耐強く対象者を「見守る」ことこそが自立を支える介護である。

③ 生きる喜びを引き出す

　介護を必要とする人には，高齢や障害などの原因から自信を喪失したり，絶望感，劣等感を持っている人も少なくない。その結果，日々の生活が消極的になったり，無気力感を持ったりするものである。このような心理状態に陥ることは，当事者にとって苦痛なものでしかあり得ない。高齢や障害の問題よりも，そこからくる絶望感を抱くことのほうが大きな問題なのである。そのためには，まずはその本人が持っている苦痛を理解し共感することが重要である。相手を一方的に励ましたとしても，ますます自信を喪失することになりかねない。また，介護者の一方的な同情で介護してあげるという態度で接すると，より心を閉ざしてしまうこともある。

　介護者は，いまの状況や置かれている立場は違っていても，同じ人間として共に生きる人間同士として，対象者の人格の尊重をしたうえで接することが重要である。そのような介護者の姿勢が，対象者の自立を支えるうえで大切である。

④ 社会とのつながりを保ち続ける

　人間は社会の中で暮らしている。そこにこそ，人間としての存在の意義がある。人間は社会の中で自分の存在価値を実感し，他者とのかかわりの中から生きている喜びを得るものである。

ところが，高齢や障害から身体的や精神的に生活に不自由が生じると，他者との交流が少なくなり，社会との距離が開き，社会参加が少なくなる。人間本来の持ち得ている喜びや活力の低下をもたらし，さらに虚(むな)しさや生活の張り合いのなさをもたらしかねない。

介護者は，対象者の状態に配慮しながらも，社会的な要求が満たされる範囲で社会とのつながりを保てるような支援を心がけることが重要である。

⑤ **自己実現への寄(よ)り添う介護**

人間には誰しも，自らの意思の決定に基づいて，生活者として主体的に生き生きとした生活を送りたいとの願いがあり，自分自身の生活について，他者から押し付けられたり，支配されたり，命令されたりしたくないという思いがある。介護の場面では，介護者が行っている介護が，対象者には介護として受け止められない場合もある。その原因としては，介護者側の考えで介護行為が行われるからである。介護者が対象者のためにと思って行ったことでも，対象者の意思を確認せずに行うことは，対象者の主体性を無視した行為でしかない。介護は，自立生活を支援することが基本である。対象者の残存能力を無視して介護を一方的に行うことは，対象者の自立生活のきっかけをなくすことになってしまいかねない。対象者の実行可能なことにまで介護者が支援するべきではない。

逆に，対象者にとって無理なことを繰り返しすることは，いたずらに失敗経験を積むだけである。介護者は，対象者のADL（日常生活動作）を正しく判断して介護していかなければならない。

介護とは，対象者の主体性を重んじた介護を行うことであり，対象者が主体性を持ち，対象者の自己実現をサポートすることである。そのためにも，介護者が対象者の生活や想いに寄り添う姿勢が対象者の自立を促すことになる。

(2) 介護現場における自立支援

① **自立支援の介護とは**

介護福祉士の倫理綱領の中に「介護福祉士はすべての人々の基本的人権を

擁護し，一人ひとりの住民が心豊かな暮しと老後が送れるよう利用者本位の立場から自己決定を最大限尊重し，自立に向けた介護福祉サービスを提供していきます」という文言があるように，介護福祉士は対象者の自立支援の実践を担わなければならないものとして位置付けられている。

　介護福祉士の基本的な視点は，対象者の意思の尊重のうえに立った自立支援である。介護福祉サービスの選択も含めて，本人が求めている生活に向けた支援を，施設サービスであろうが，在宅サービスであろうが，それぞれの介護現場で対象者の自立に向けて，身体面，社会面，精神面での能力とニーズを総合的に調査，評価を行い，介護支援活動を展開していくことである。

　介護が必要な状態にある対象者の自立を支援するためには，まず，食事，排泄，移動，入浴，衣類の着脱，洗面など日々の生活の維持を支えることが大切である。そのためには，専門性に裏付けられた，介護の専門的な知識や技術を用いて，介護の場面で活用できる能力を身につけなければならない。

　その前に，介護福祉士という専門職としての倫理観が求められる。そして，対象者との間に深い人間関係を形成しなければならない。調和の取れた人間関係を樹立するには，社会的に弱い立場にある対象者の苦しみや悩みをあるがままに受け入れ，理解し，対象者の想いを受容する必要がある。対象者と信頼関係を築くことによって，対象者の自立への努力を引き出す専門的な介護が実施できる。

② **対象者の可能性**

　対象者一人ひとりが違っていることは当然であり，個別化の原則に基づいて行われるべき介護の内容も違っていて当然である。個々の対象者のニーズに基づいた自立の支援を実践していくためには，介護者が一人ひとりの対象者を理解することが必要である。

　介護が必要な人は，身体能力や知的面での低下や衰えなどを持っている。それゆえに，対象者のマイナス面ばかりを強調して「これはできない」と決めつけてはいけない。むしろ「これはできないが，このことならできる」とか，「ここまではできないが，ここからはできる」というような発想の転換をしたプラス思考で対象者とかかわっていくべきである。

さらに，人間は未知の能力を秘めている。介護が必要な状態であってもあらゆる可能性を信じて接していきたい。介護者が，プラス思考で対象者の可能性を引き出す介護が実践できれば，対象者もプラス思考での生活が送れる。そのためにも，介護者が対象者の可能性を引き出せるような物質的，精神的な環境を整えていきたい。

介護者は，対象者へ無理な要求をしたりするのではなく，いまできていることを少しでも高められるようにすることや，いまできていることを少しでも長くできるようにすることで，対象者は可能性を持って生活を送ることができるのである。介護者が対象者の可能性を信じて介護を実践することは，対象者が自分の生活や将来への望みに自ら可能性を持つことであり，ひいては自立への糸口とつながっていく。

③ 期待を持つ

対象者の可能性を信じて介護を実践することは，介護者が対象者の問題や悩みを受容することから始まる。そして，対象者の残存能力を把握したうえで対象者への期待を持って接したい。

対象者と介護者の良い信頼関係が築かれて，介護者から負担にならない程度の期待を持たれていると，対象者はそれに応えようとする。その関係が続けられれば良い介護が実践でき，良い結果が得られるだろう。その期待とは，対象者の生活を前向きに捉えることでもある。日々，介護者は対象者を信じて「見守る介護」を心がけたい。同じ見るという行動ではあるが，「見守る」と「見張る」では正反対である。「できないことをしている」「転倒したら困る」という気持ちで対象者を見るのではなく，「一生懸命がんばっていますね」「側についていますから，転倒しないようにがんばってください」という期待を持った気持ちで対象者とかかわっていきたい。対象者が期待を持たれて介護を受けることによって，対象者の内側に秘めている生きる力や生命力が引き出されるに違いない。

(3) 介護予防

　介護予防とは，要介護状態の発生をできる限り防ぐ，または遅らせることと，要介護状態であったとしてもその悪化をできる限り防ぐ，または遅らせることである。その内容は，運動能力や栄養状態といった個々の要素の改善を目指すだけではなく，高齢者の生活活動や社会参加の向上をも目指した，生きがいや自己実現のための取り組みや支援である。

　どのような状態であっても，生活機能の維持・向上を積極的に図り，要支援・要介護の予防や重症化の予防・軽減により，本人の自己実現の達成の手伝いをする。さらに生活や人生を尊重し，できる限り自立した生活を送れるようにすることを目的とし，介護保険制度の中に，さまざまな訓練を行う「介護予防サービス」が提供されている。介護予防では，日常生活の不活発な状態による心身機能の低下を予防するサービスが主に提供されている。また，介護予防の効果を上げるためには，本人の意欲的な取り組みが重要であり，生活の中に適度な運動を組み込んで，継続することが大切である。

　介護福祉士の業務は，対象者の自立を支援することを目的としている。その対象者は要介護者だけではなく，現在は介護を必要としていない高齢者も対象としている。つまり，介護は対象者の生活支援と，介護を必要としていない高齢者への健康的な生活が長く続けられ自立生活の継続ができるような役割も担っている。

（土田耕司）

引用文献・参考文献
(1) 砂原茂一『リハビリテーション』岩波書店，1980年。
(2) 國定美香・住居広士・藤原芳朗・山岡喜美子編著『わかりやすい介護技術演習』ミネルヴァ書房，2006年。

第 5 章
介護を必要とする人の理解

　介護福祉士（Care Worker = CW）の仕事は，介護を必要とする人に適切な介護サービスをどのように提供するのかが最も重要なことであるが，適切な介護を実現するためには，単なるQOLの向上を図る目的で行われる介護ではなく，その人らしさを追求し，自己実現（Self realization）が達成できる環境をどのように構築できるのかを考え，その方策を見出すことも重要な役割である。そのような介護を実践するためには，まず対象者を理解することが必要である。本章では，対象者への理解を深めることを目的とする。

1　介護の必要性

(1)　高齢化社会

　現在，わが国においては，団塊の世代の多くが65歳以上に達する2015年を目前にし，さらに10年後の2025年には75歳以上の後期高齢者数が2,000万人を超えることが見込まれており，いわば高齢化の「最後の急な上り坂」を登りはじめたといえる（図5-1）。医療の高度化，少子化，高齢化に伴い，重い障害を持ちながら生活していくうえで，家族からの支援だけではなく介護のスペシャリストの育成が，望まれている。

　成年後見や障害者の就労支援など，福祉・介護ニーズはより多様化・高度化する状況にあり，これらのニーズに的確に対応できる質の高い人材を安定的に確保していくことが重要な課題となっている。

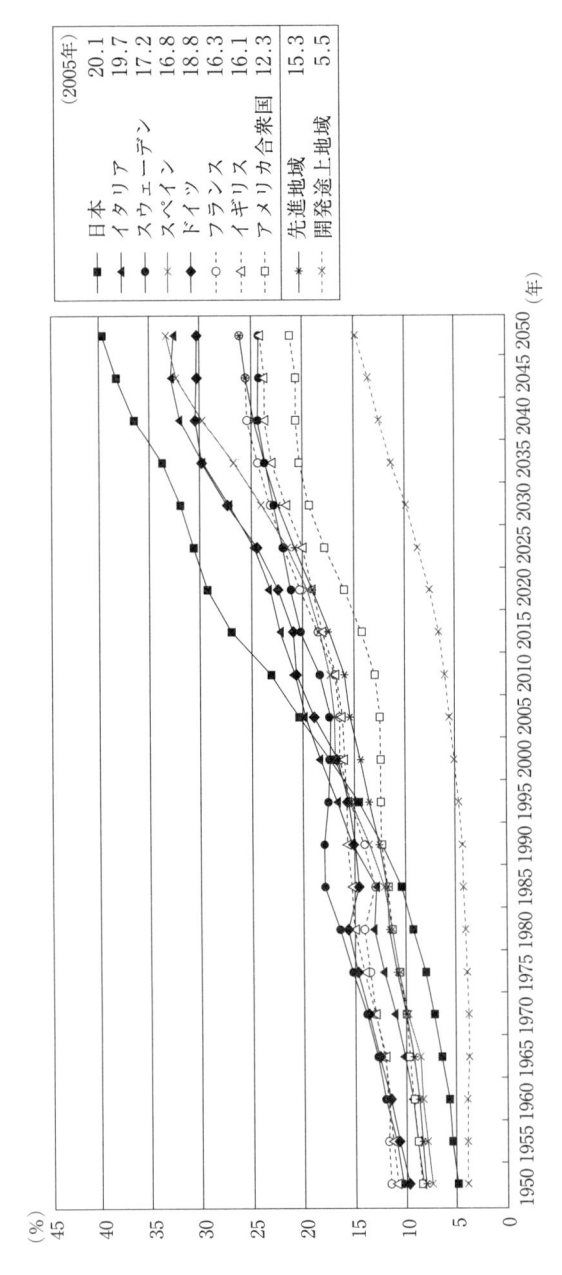

	(2005年)
日本	20.1
イタリア	19.7
スウェーデン	17.2
スペイン	16.8
ドイツ	18.8
フランス	16.3
イギリス	16.1
アメリカ合衆国	12.3
先進地域	15.3
開発途上地域	5.5

図5-1　世界の高齢化率の推移

資料：UN, World Population Prospects: The 2006 Revision
　　　ただし日本は、総務省「国勢調査」及び国立社会保障・人口問題研究所「日本の将来推計人口（平成18年12月推計）」の出生中位・死亡中位仮定による推計結果による。
（注）先進地域とは、北部アメリカ、日本、ヨーロッパ、オーストラリア及びニュージーランド をいう。開発途上地域とは、アフリカ、アジア（日本を除く）、中南米、メラネシア、ミクロネシア、ポリネシアからなる地域をいう。

出典：内閣府『平成20年版 高齢社会白書』ホームページより

(2) 生活と介護

われわれは，社会生活を営むうえで日々さまざまな支援を受けて生活していることを認識しなければならない。公共交通機関，水道・ガスなどのライフライン，それに関連する人たちなど，数え切れない多くの人や物に支えられ生きている。私たちが日々必要としている支援と同様に，介護を必要としている人たちも介護という支援を必要としており，それは決して特別なことではなく，誰もが求めている権利でもある。社会生活の中においては，健康な人やハンディを持ち生活する人などさまざまな人がいる。

この章では，身体的・精神的介護を必要とする人々の暮らしや，生活環境について考えていくことで，その人らしさの追求・自己の実現を可能にするための方策について考える。

(3) 健康観

一人ひとりの健康観は異なっており，健康というのは，いわゆる五体満足であるということではない。

わが国においては，日本人という単一の民族が多くを占めて社会を構成していることもあり，多くの場合，自分自身の健康観の指標は，他者と比べて自分はどうなのか？ ということが軸になっている。

例えば，他者よりも，腰が痛ければ，健康という判断はできなくなる。

生活を営んでいるうえで，他者よりも動作遂行のための時間がかかる時，他者の何らかの力を借りないと同じように生活できない時に，初めてその人自身が生活上不便を感じることになる。これが，健康観に暗い影を落とす。

(4) 人間の多様性の理解

人間の多様性を理解するために，下記のポイントをおさえておこう。

① **生活史（生活歴）**
どんな生活を送ってきたのか。どんな環境で育ってきたのか。

② **価値観**

一つのことに対する考え方は，個々によって異なる。教育歴は，価値観を形成するうえで大きな要因となる。一つの物の見方，捉え方も個々によって異なる。

③ 生活感

生活の営み方，物事に対する価値判断についても個々により優先順位は異なることを認識しておく。

④ 生活習慣

朝起きて寝るまでのすべての生活の中で，その人らしい生活習慣とは何かについて考える。

⑤ 生活様式

生活様式は地域や家族構成によって異なる。高齢者と若者に生活様式の相違があるように，介護者が介護を必要としている人の生活を評価し，理解することは非常に困難であるが，個々の価値観や生活を重視し，在宅環境や地域環境にも目を向けていく必要がある。

2 高齢者の暮らしの実際

(1) 健康

日本人の平均寿命が医療の高度化に伴いますます長くなってきている現状の中で，何の病気も持たず，健康だとされている高齢者の人口は年々増加してきている。しかし，その一方で，国民の主な疾病が慢性疾患に移行し，疾患を持ちながら日常生活を営んでいる高齢者も増加してきている。

近年では，疾患や障害があるか否かといったことを問題とするだけでなく，その疾患や障害による日常生活への影響が問題となってきた。

疾患や障害を有していても十分な援助などにより，まったく日常生活に支障のない高齢者も多くいることも事実である。

そこで，このような実態を反映するために自覚症状，通院状況，生活影響を独立の指標として，それぞれの組み合わせにより，「傷病を持つ者の生活影

響」．また，「特に傷病と診断されないが健康上の問題で生活影響のある者」などで国民の健康状態を示し，健康政策や保健医療対策に生かすようにすることとしている〈文献(1)〉。

また，近年は身体的な傷病だけでなく，認知機能の低下により，多くの介助を要する疾患として社会問題になっている認知症の高齢者も増加している。

認知機能の障害とは，肉眼で見えない病気であるため，理解することが困難であり認知症を知ることは大切なことと言える。

(2) 認知症とは

脳は，私たちのほとんどあらゆる活動をコントロールしている司令塔である。それがうまく働かなければ，精神活動も身体活動もスムーズに運ばなくなる。認知症とは，さまざまな原因で脳の働きが衰えて，働きが悪くなったために障害が起こり，生活するうえで支障が出ている状態（およそ6ヵ月以上継続）を指す。

認知症を引き起こす病気のうち，最も多いのは，脳の神経細胞がゆっくりと死んでいく「変性疾患」と呼ばれる病気である。アルツハイマー病，前頭・側頭型認知症，レビー型小体病などがこの「変性疾患」にあたる。

続いて多いのが，脳梗塞，脳出血，脳動脈硬化などのために，神経細胞に栄養や酸素が行き渡らなくなり，その結果その部分の神経細胞が死に，神経のネットワークが壊れてしまう脳血管性認知症である。

(3) 中核症状と周辺症状

脳の細胞が壊れることによって直接起こる症状が記憶障害，見当識障害，理解・判断力の低下，実行機能の低下など中核症状と呼ばれるものである。

これらの中核症状のため周囲で起こっている現実を正しく認識できなくなる。それに加え，本人がもともと持っている性格，環境，人間関係などさまざまな要因がからみ合って，うつ状態や妄想のような精神症状や，日常生活への適応を困難にする行動上の問題が起きる。これらを周辺症状と呼ぶことがある。

この他，認知症にはその原因となる病気によって多少の違いはあるものの，さまざまな身体的な症状も出てくる。特に血管性認知症の一部では，早い時期から麻痺(まひ)などの身体症状が合併することもある。アルツハイマー型認知症でも，進行すると歩行がしにくくなり，終末期まで進行すれば寝たきりになってしまうことも少なくない。

　認知症の多くの罹患(りかん)者が，理解してもらえないことによるもどかしさから，問題行動を起こす頻度が増すことは，多くの研究でわかってきている。身体的な障害ではなく，認知的な機能の障害のため，理解するということが，非常に困難であり，介護者のストレスは大きい。そのため，認知症患者に対する虐待例は数多く報告されている。

(4) 家族・世帯構成

　近年，大家族化から核家族化が急速に進み，高齢者と若者がひとつ屋根の下で生活している世帯は少ない。介護を必要としない間は別々に生活し，急に病気で介護が必要となり，初めて共に生活をすることになるケースも年々増加している。まったく生活歴や生活習慣を知らない者同士が，ひとつ屋根の下で生活することを余儀なくされる。

　経済状態の不安定さから，共働き世代も増えており，家族で介護を必要とする高齢者を看ることの負担は年々増加しており，このことにより，介護福祉士の役割の重要さと必要性がますます高まっている。

(5) 役割

　高齢者は，昔，家の中で欠かせない存在だった。経験が豊富であるからこそ，家族が困った時に良い方向に導いてくれる大切な役割を担っていた。

　しかし，高度成長期世代から核家族化が急速に進み，高齢者の家族の中での役割がなくなってしまった。会社で働いている時は会社での大切な役割があった。子供も育ち，家庭を巣立った後は，父親・母親の役割も半減し，会社も定年退職すると社会での役割も失う。

　その上，加齢により身体的に何らかの障害を負い，外出が難しくなること

で地域の中で友人とのかかわりも半減する。それによって，自己実現が不可能になり生きる喜びというエネルギーを減少させてしまう。人は，常に自己実現を求めてさまよっている生き物であることから，役割を失うことは，その人に大きな影響力を与える。

(6) 自己実現のための支援

誰でも人は，「健康でいたい」「友達をたくさん持ち，人から愛されたい」「仕事で誰からも認められ社会的に権力を持ちたい」などのさまざまな欲求を持ちながら生きている。

特に，心理学者であるアブラハム H. マズロー（1908年〜1970年）が提唱した欲求の5段階説（図5-2）の中の高次の欲求である「立派で尊敬される人間になりたい」という自己実現を求めている。対象者の自己実現の欲求を満たすためには，個々の「生き方」「価値観」「生活歴」などを理解する努力が非常に大切となる。

欲求というものは，多かれ少なかれ誰しもが持っており，個々によって異なる。介護者は自己の実現という大きな欲求課題に常に目を向けながら，支援していくことが大切となる。QOLの向上という目的を達成するためには，この自己実現の欲求を達成させることこそが大切である。これが生きる力・エネルギーとなりその人の人生を輝かせることになる。

人間の欲求は，5段階のピラミッドのようになっていて，底辺から始まって1段階目の欲求が満たされると，1段階上の欲求を満たすことを志す。

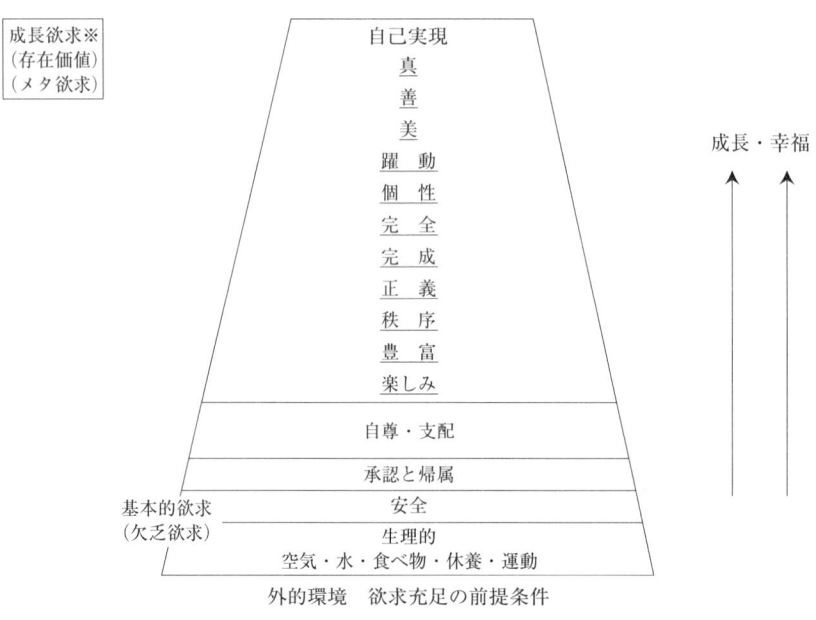

```
成長欲求※              自己実現
（存在価値）              真
（メタ欲求）              善
                        美                    成長・幸福
                        躍 動                  ↑  ↑
                        個 性
                        完 全
                        完 成
                        正 義
                        秩 序
                        豊 富
                        楽しみ
                   ─────────────────
                     自尊・支配
                   ─────────────────
                     承認と帰属
基本的欲求           ─────────────────
（欠乏欲求）              安全
                   ─────────────────
                       生理的
                  空気・水・食べ物・休養・運動
              外的環境  欲求充足の前提条件
```

図5-2　マズローの欲求5段階説

第1段階　生理的欲求
生理的体系としての自己を維持しようとする欲求であり，具体的には空気，水，食べ物，休養，運動などに対する欲求である。

第2段階　安全の欲求
安全な状況を欲求したり，不確実な状況を回避しようとする欲求である。

第3段階　承認と帰属の欲求
社会的欲求とも言われ，集団への所属を希求したり，友情や愛情を希求する欲求である。

第4段階　自尊・支配の欲求
自己尊敬を希求する欲求であり，具体的には他人からの尊敬や承認を希求したり，自立的な思考や行動の機会を希求する。後者は，特に自立欲求として，独立に考えられることもある。

第5段階　自己実現の欲求
自己の成長や発展の機会を希求したり，自己独自の能力の利用及び自己の

潜在能力の実現を希求する欲求である。

(7) 住まいと環境

人にはそれぞれ異なる住まいがあり，生活する環境もさまざまである。環境について軽視してしまう傾向があるが，環境が人間に与える影響は非常に大きく，環境が変わるだけで，人の考え方や嗜好（しこう）まで変化することが数多くの研究で明らかになってきている。

リゾート・リハビリテーションの考え方において，太陽が照りつける海辺で飲むコーラの味わいは，普段飲んでいるコーラとは違う味がする。同じ成分のコーラでも，環境が変化すると違う味がするように感じるというものである。

特に環境の変化に影響されやすい高齢者にいたっては，環境要因についての検証は常に必要となる。住まいにおいては，対象者が暮らしている住まい・環境を理解し，その暮らしに合わせた介助法を提案する必要性があるだろう。

(8) その他

経済状態も把握する必要がある。経済状態によっては，極力負担の少ないサービスの提供が大切である。また，趣味や余暇活動を積極的に把握し，障害を負っても自分のやりたいことを行える環境を構築できることで，自己実現が可能となる。

3 障害のある人の暮らしの理解

(1) 障害のある人の生活のニーズ

障害のある人の生活の質の向上は機能障害の有無や程度によって決まるものではなく，むしろ活動の制限を除去し，個々が自由な選択に基づき活動することができるようにすることが重要である。このため，福祉用具などの活

用，特殊教育・職業訓練などの実施，ユニバーサルデザインの実行などを推進していくことが必要である。

(2) 福祉サービスの新体系

障害者自立支援法の制度の見直しが行われ，新たな利用手続き，国などの負担に関する事項等については2006年（平成18年）4月，新たな施設・事業体系への移行に関する事項等は2006年（平成18年）10月に施行された。

障害保健福祉施策の改革の視点は「障害者が自立して普通に暮らせるまちづくり」「地域に住む人が，障害の有無，老若男女を問わず，自然に交わり，支えあうまちづくり」である。これは要約すると「自立と共生のまちづくり」である。

これらを実現していくためには対象者への個別の支援をより効果的・効率的に行っていくための基盤作りが必要である。具体的には下記のことが挙げられる。

1 「障害保健福祉施策の総合化」：年齢や障害種別等にかかわらず，身近なところでサービスを受けながら暮らせる地域づくり。
2 「自立支援システムへの転換」：障害者が就労を含めてその人らしく自立して地域で暮らし，地域社会にも貢献できる仕組みを構築する。
3 「制度の自立可能性の確保」：障害者を支える制度が，国民の信頼を得て安定的に運営できるよう，より公平で効率的な制度にする。

障害者自立支援法の改正前と後のポイントについて表5-1に示した。また，総合的な自立支援システムの構築については表5-2に示した。

(3) 身体障害者の生活

身体障害者の場合，厚生施設支援，養護施設の支援，授産施設支援，援護施設支援（入所・通所）のための施策がある。

身体障害者厚生施設支援の場合，整容，移動，入浴，医療，健康管理，生活管理，コミュニケーション，レクリエーション，集団生活，就労・社会復帰に向けて生活支援の体制づくりといった項目が挙げられている。

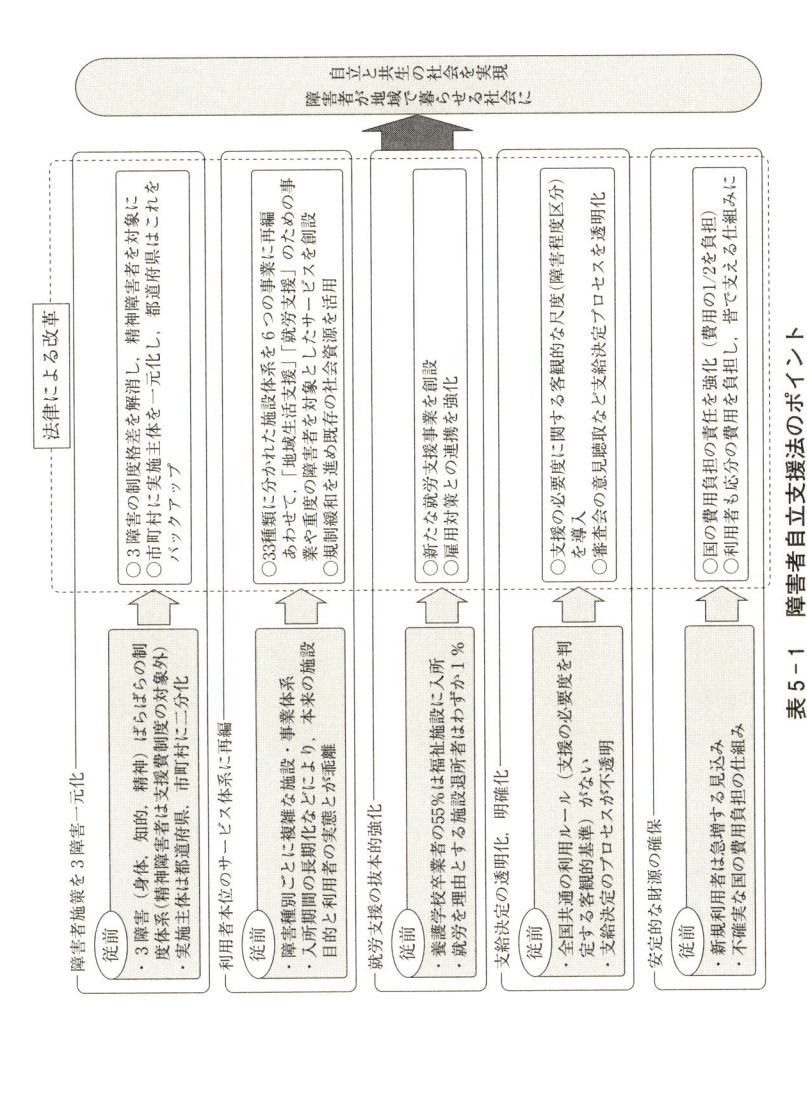

第5章　介護を必要とする人の理解

表5-1　障害者自立支援法のポイント

項目	従前	法律による改革	
障害者施策を3障害一元化	・3障害（身体、知的、精神）ばらばらの制度体系（精神障害者は支援費制度の対象外） ・実施主体は都道府県、市町村に二分化	→	○3障害の制度格差を解消し、精神障害者を対象に ○市町村に実施主体を一元化し、都道府県はこれをバックアップ
利用者本位のサービス体系に再編	・障害種別ごとに複雑な施設・事業体系 ・入所期間の長期化などにより、本来の施設目的と利用者の実態とが乖離	→	○33種類に分かれた施設体系を6つの事業に再編するとともに、「地域生活支援」「就労支援」のための事業や重度の障害者を対象としたサービスを創設 ○規制緩和を進め既存の社会資源を活用
就労支援の抜本的強化	・養護学校卒業者の55％は福祉施設に入所 ・就労を理由とする施設退所者はわずか1％	→	○新たな就労支援事業を創設 ○雇用対策との連携を強化
支給決定の透明化、明確化	・全国共通の利用ルール（支援の必要度を判定する客観的基準）がない ・支給決定のプロセスが不透明	→	○支援の必要性に関する客観的な尺度（障害程度区分）を導入 ○審査会の意見聴取など支給決定プロセスを透明化
安定的な財源の確保	・新規利用者は急増する見込み ・不確実な国の費用負担の仕組み	→	○国の費用負担の責任を強化（費用の1/2を負担） ○利用者も応分の費用を負担し、皆で支える仕組みに

→ 障害者が地域で暮らせる社会に 自立と共生の社会を実現

出典：厚生統計協会「第6章障害者福祉 第1節障害者施策の体系と障害者の実態」『社会福祉の動向2010年』175頁

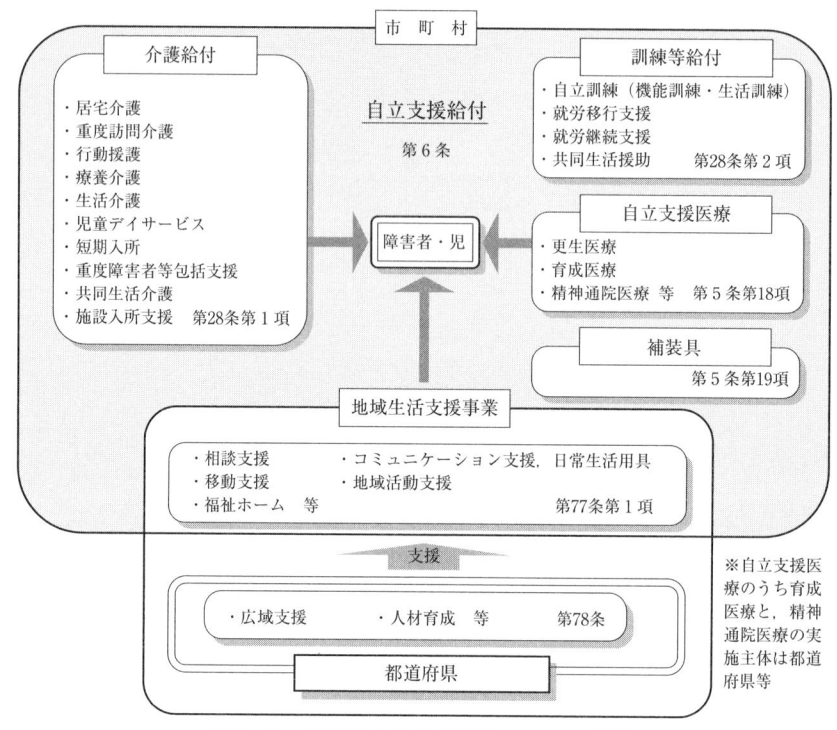

```
                    市 町 村
    ┌─────────────────────────────────────────────────┐
    │ ┌──────────────┐                ┌──────────────┐ │
    │ │  介護給付   │    自立支援給付  │  訓練等給付  │ │
    │ ├──────────────┤                ├──────────────┤ │
    │ │・居宅介護   │     第6条      │・自立訓練（機能訓練・生活訓練）│
    │ │・重度訪問介護│                │・就労移行支援 │ │
    │ │・行動援護   │                │・就労継続支援 │ │
    │ │・療養介護   │                │・共同生活援助  第28条第2項│
    │ │・生活介護   │   ┌────────┐   ├──────────────┤ │
    │ │・児童デイサービス│→│障害者・児│←│  自立支援医療 │ │
    │ │・短期入所   │   └────────┘   ├──────────────┤ │
    │ │・重度障害者等包括支援│          │・更生医療   │ │
    │ │・共同生活介護│        ↑       │・育成医療   │ │
    │ │・施設入所支援 第28条第1項│      │・精神通院医療 等 第5条第18項│
    │ └──────────────┘                ├──────────────┤ │
    │                                 │   補装具    │ │
    │                                 │   第5条第19項│ │
    │         ┌──────────────┐        └──────────────┘ │
    │         │地域生活支援事業│                         │
    │  ┌─────┴──────────────┴─────────────────┐        │
    │  │・相談支援    ・コミュニケーション支援, 日常生活用具│
    │  │・移動支援    ・地域活動支援                    │
    │  │・福祉ホーム　等              第77条第1項       │
    │  └────────────────────────────────────┘          │
    └─────────────────┬───────────────────────────────┘
                      │ 支援
                      ↓
         ┌────────────────────────────────────┐
         │・広域支援　・人材育成　等　第78条  │
         └────────────────────────────────────┘
                    都道府県
```

※自立支援医療のうち育成医療と, 精神通院医療の実施主体は都道府県等

表5-2　総合的な自立支援システムの構築

出典：厚生統計協会「第6章障害者福祉　第1節障害者施策の体系と障害者の実態」
　　　『社会福祉の動向2010年』175頁

　整容・移動・入浴・排泄・起居動作・コミュニケーションなどの基本的動作は日常生活動作（ADL ＝ Activities of Daily Living）といわれる。

　介護者が，対象者の残存機能を理解するうえで，このADLと，金銭管理や家事などの生活関連活動を把握していくことが，障害者の残存能力を十分に発揮させる介護につながる。

　日常生活動作の評価法として，FIM（機能的自立度評価法，以下FIMと略す）が多くの病院や施設で使用されている（図5-3）。

　アメリカ合衆国においては，医療スタッフ及び施設スタッフ全員が，FIMの評価表を使用し，共通理解のもとに残存能力を把握し，適した介護方法を

Functional Independence Measure

レベル（採点基準）	7：完全自立（時間,安全性を含めて） 6：修正自立（補助具使用）	介助者不要
	部分介助 5：監視または準備（助言必要） 4：最小介助（患者自身で75%以上） 3：中等度介助（50%以上） 完全介助 2：最大介助（25%以上50%未満） 1：全介助（25%未満）	介助者あり

```
                          入院時  退院時
セルフケア
 A. 食事       箸
              スプーンなど
 B. 整容
 C. 清拭
 D. 更衣（上半身）
 E. 更衣（下半身）
 F. トイレ動作
排泄コントロール
 G. 排尿コントロール
 H. 排便コントロール
移 乗
 I. ベッド，椅子，車いす
 J. トイレ
 K. 浴槽，シャワー    浴槽
                    シャワー
移 動
 L. 歩行，車いす     歩 行
                    車椅子
 M. 階段
コミュニケーション
 N. 理解          聴 覚
                  視 覚
 O. 表出          音 声
                  非音声
社会的認知
 P. 社会的交流
 Q. 問題解決
 R. 記憶
       合 計
注意：空欄は残さないこと，リスクのために検
      査不能の場合はレベル1とする．
```

（千野直一，1991）

最高点は18項目×7＝126点
最低点は18点

図5-3　機能的自立度評価法（FIM）

出典：渡辺英夫編著『リハビリテーション診療必携』第3版，医歯薬出版，2003年，30頁

選択してよりよい介護環境を実現できるようにチームで取り組んでいる。

　介護の専門職である介護福祉士が，正確にその人の残存機能を把握し，介護する家族にそれを伝えることで，家族の介護負担を軽減することができる。

　また，残存機能を活用することで，対象者の役割が生まれると同時に，残存能力の最大限の利用・機能維持につなげることができる。

　介護される人の多くは，常に介護者のことを考えて，自己実現の前に，自

分の予定を変更することや，自分のしたいことを我慢している現実がある。

　例えば，気の合う仲間でファミリーレストランで何かを食べようとお店に入って，皆は，数多くのメニューから悩んで一番食べたい物を選択するだろう。数多くのメニューから選択でき，好きな物を食べられるところに外食の楽しみがあるが，人に介助してもらわないと食事ができない人は，まず最初に，メニューの中から好きな物を選ぶのではなく，介助しやすく，できれば少しでも自分で食べることが可能であり，時間もあまりかからない食べ物を選択し，注文する。

　誰の身体的支援もなく生活できている私たちは，何でも自分でできることに慣れてしまっているが，介護を必要としている人は，常に介護する人のことを考えながら，行動しないといけないと思いがちである。対象者の生活の中で，できることの選択肢を増やし，自分のやりたいことがやれる環境を作ることが，介護福祉士の重要な課題である。

(4)　クオリア（Qualia）

　介護を必要とする人の理解において個人の個別性の理解は必要不可欠である。人は，誰しもそれぞれ個人の感覚が異なり，それをクオリアと表現することがある。クオリアとは，痛み・色合い・匂い・手ざわり・食感などの感覚的経験のことで質感ともいう。

　例えば，人によっては「深海の青」の青よりも，「清流の青」の青のほうを美しいと感じることがある。同じ青でも美しいと感じる「青さ」には違いがある。こうした感覚がクオリアである。

　このように，クオリアは言葉では言い表せないため，他者との共通理解を持つことはできない。

　介護との関連でいえば，病気やけがに伴う心身の変化，例えば麻痺や失語症などに対するその人の感じ方はクオリアといって良い。人によっては，自分自身を異常という意識の中に追い詰めてしまうこともある。クオリアの性質をよく理解することが，介護者にとって大切である。

4 おわりに

　医療者，特に医師・看護師は，対象者の医学的管理が大きなウエイトを占めるため，福祉職（介護士）が活躍できる場所は多くある。介護を必要とする人にとっては，貴重で重要な存在となりうる。もちろん，介護を要する人の家族にとっても同様である。対象者にその人らしく毎日を充実して生活してもらうために，やりたいことに対する援助が直接的にできるのは介護福祉士である。医学的管理ではなく，生活の面から援助ができ，輝ける日々を一緒に作ることができる。

　介護される人の理解において最も大切なことは，相手の気持ちを理解する努力と，相手の立場になる努力を絶え間なく行い，常に相手の言語的・非言語的表現に耳を傾けて，本当にやりたいことは何かを見出すことや，いま何を求めているかということを常に考え，相手の立場になって考えることである。

　生活環境や価値観の違う相手の気持ちや立場を理解することは，非常に難しいことではあるが，人を理解する努力・相手を受け入れる努力は大切である。

　介護福祉は，日々適切な介護サービスが提供できているのかを常に検証し，一歩一歩成長していくことが望まれる。介護される人の明日を生きるための介護・明日を温かく輝かせるための介護を提供し，自己実現を支援する介護福祉士の仕事と，今後の可能性に多くの人たちが期待している。

（羽柴香恵）

参考文献・引用文献
(1) 厚生統計協会「第4章健康状態と受療状況」『国民衛生の動向2009年』74頁。
(2) パールマン，H.H.著　松本武子訳『ソーシャルワーカー』全国社会福祉協議会，232頁，1979年。
(3) ルネ・デュボス，長野敬・中村美子訳『人間への選択』紀伊國屋書店，1975

年，208 頁。
(4) 東京商工会議所編「第2節　障害者を取り巻く社会状況と住環境」『新版福祉住環境コーディネーター検定試験2級公式テキスト』。
(5) 梶田叡一『自己意識の心理学』東京大学出版会，1990 年，66-67 頁。
(6) 上田吉一『人間の完成　マスロー心理学研究』誠信書房，1991 年。
(7) 黒沢貞夫（特に「第7章　生活支援における自立について」）『生活支援学の構想』，川島書店，2006 年。
(8) 厚生労働省ホームページ。http://www.whlw.go.jp
(9) 「作業科学によるリゾートリハビリテーションの考え方」田村文彦ら茨城県立医療大学　作業療法　24．37，2005 年。
(10) Mook, D. G. (1987). Motivation : The Organaization of Action. London : W. W. Norton & Company LTD.
(11) A Theory of Human Motivation (1943, originally published in Psychological Review, 50, 370-396．Available Online).
(12) 福祉士養成講座編集委員会編「第2章　介護の理念（4　自己実現への援助）」『新版介護福祉士養成講座11　介護概論』第3版，中央法規出版，37 頁。

第 6 章 介護サービス

　本章では，総合的な介護サービスの実施に欠かせないケアマネジメントの意義と過程について理解する。そして，特に介護保険サービスや，2005年6月の介護保険法改正に伴い，2006年4月に創設された地域密着型サービス，地域支援事業の他，障害者を対象とした障害者自立支援法に基づくサービスなど，社会資源としての介護サービスの種類と内容を学ぶ。

1　介護サービスの概要

(1)　ケアマネジメントの流れとしくみ

①　ケアマネジメントの意義

1)　ケアマネジメントの定義

　「マネジメント」(management) とは，狭くは「経営」や「管理」を意味する語句であるが，現在，業務の改善を行うための「経営管理」全般を意味する語句として認識されている。そのマネジメントの考え方の一つに，「PDCAサイクル」＊があるが，これは刻々と変化する情勢に対応するために，各段階を経ながら螺旋状に継続的な業務改善を行うマネジメント・サイクルの代表的なものといえる。

＊　PDCAサイクル：ウォルター A. シューハート (Walter Andrew Shewhart, 1891-1967) 及び W. エドワーズ・デミング (William Edwards Deming, 1900-1993) らによって提唱された生産管理・品質管理を目的としたマネジメント・サイクルの一つ。Plan（計画）―Do（実行）―Check（検討）―Act（改善）と一回りした後，最後の Act を次の Plan につなげ，螺旋を描くようにサイクルを向上させて継続的な業務改善を行う取り組みをいう。

このようなマネジメントの考え方を，医療・保健・福祉領域の特性に引き寄せながら導入・発展してきたものの一つがケアマネジメントである。ケアマネジメントは，「利用者のニーズと社会資源とを調整（コーディネート），あるいは結び付けることにより，地域での生活を継続的に支援していくこと」〈文献(1)〉と定義されている。支援を必要とする人が，住みなれた地域社会の中で生活を続けていくためには，さまざまなサービスを必要に応じて結び付けた，継続的かつ柔軟性を持った援助が必要であることを示している。この援助過程では，支援を必要とする人の自己決定，エンパワーメント*1，生活の質（QOL）の向上を重視する。

2）　歴史的背景

　ケアマネジメントの歴史を見ると，その源流は，1970年代のアメリカの精神障害者及び知的障害者への脱病院（脱施設）化政策に対するケースマネジメントの実践にさかのぼることができる。当時，1963年に発表されたケネディ教書により，州立の精神科病院からの大規模な退院促進が行われたが，地域の受け皿が不十分であったことから，結果として多くの障害者がホームレスとなり都市部に流れ込むこととなった。そのような現実の中で，精神障害者が地域で生活していくためには，住宅，医療，福祉，就労，所得保障など，さまざまなサービスを提供する必要があることが明らかとなった。

　そこで編み出されたのが，一つの窓口ですべての生活課題（ニーズ）を明らかにし，それらのニーズと合致するサービスとを結び付けるケースマネジメントの実践である。このケースマネジメントの実践が，その後多くの国に普及する中で，イギリスでは1990年に成立した「国民保健サービス及びコミュニティケア法」における「ケアマネジメント」*2として制度化された。

---

*1　エンパワーメント：パワレス（無力な）状態にある個人，集団，地域が自らの問題を解決するための力を獲得している状態のこと。1976年にB・ソロモン（B. Solomon）が『黒人のエンパワーメント：抑圧されている地域社会におけるソーシャルワーク』でその重要性を指摘したのが最初といわれている。

*2　ケアマネジメント：人を対象とする援助過程であることから，「ケース」（事例）ではイメージが冷たく不適切であること，マネジメントする対象は人ではなく，「ケア」（介護，配慮）であるなどが，ケアマネジメントと呼ばれるようになった理由とされている。

日本においては，まず高齢者分野への導入から始まったといって良い。制度化の流れとしては，1989年に高齢者保健福祉10ヵ年戦略（ゴールドプラン）による在宅介護支援センター事業の制度化が挙げられる。この事業は，日本におけるケアマネジメントの普及・発展に大きな役割を果たしてきたといえる。現在では，在宅高齢者を対象とするものとしては介護保険法における居宅介護支援事業者及び包括的支援事業（介護予防事業），在宅障害者を対象とするものとしては障害者自立支援法*における相談支援事業（地域生活支援事業）などがある。その他にも，福祉施設などにおいて，施設サービス計画，個別支援計画，退院・退所時相談などを通して，ケアマネジメントによる支援が展開されている。

このように，近年急速にケアマネジメントが普及した理由には，次の2つがある。まず，1つ目は先進国の多くが高齢化社会を迎えたことにより，医療費などの増大などに対するコストコントロールが必要になったことである。ケアマネジメントにより，入院患者への退院支援や施設入所者への地域移行支援を行うことで，それまで要していた費用の削減を図る目的があった。

2つ目は，ケアマネジメントによって病院や施設で生活するよりも質の高い生活が実現できるのではないかという期待である。病院及び施設では24時間365日体制でのケアが提供されるが，その反面，サービス提供が病院・施設内で完結することや，患者・利用者一人ひとりの個別性に配慮した援助を行うことが，集団生活のため難しいことが指摘されてきたからである。

3) 介護福祉におけるケアマネジメントの意義

世界保健機関（WHO）による国際生活機能分類（ICF）に基づいて考えると，人の生活は，本人の障害状態のみならず，本人の性，年齢，生活歴，ライフスタイルなどの個人因子と，家庭や地域・職場などの環境因子の影響を受ける。

このような観点から考えると，自己決定，エンパワーメント，生活の質

---

* 障害者自立支援法：障害者福祉における措置制度を原則廃止し，それまでの支援費制度の理念である「自己決定の尊重」及び「利用者本位」を継承しつつ，地域における自立生活支援の体制強化と，制度の持続可能性の確保を目的にした法律。

（QOL）の向上を重視しながら，利用者のニーズを解決・充足するための支援は，一つの専門領域だけでは困難である。

　介護現場にケアマネジメントが導入されたことによって，介護実践に医療・保健・福祉などの専門職間の連携・協働が不可欠のものになった。また，そのことによって，それまで感性に基づいて行われることが多かった介護から「根拠に基づく実践」*1（Evidence Based Practice；EBP）としての介護へ発展する道が開かれたことも重要な変化である。

② **ケアマネジメントの過程**

1）ケアマネジメント・サイクル

　ケアマネジメントの過程には諸説あるが，概ね❶入り口，❷アセスメント，❸ケース目標の設定とケアプランの作成，❹ケアプランの実施，❺モニタリング，❻事後評価，❼再アセスメント，❽終結，のサイクルをたどる。その過程を図示したものが図6-1である。

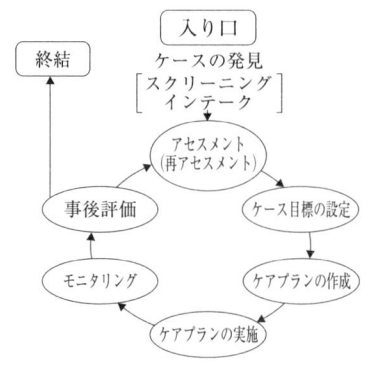

図6-1　ケアマネジメント・サイクル
（執筆者作成）

2）入り口

　入り口の段階では，ケースの発見，スクリーニング，インテークが行われる。

　ケースの発見とは，ケアマネジメントを必要とする人を発見する過程である。この発見するための方法には，本人が来所する場合に限らず，ケアマネージャー自ら出向くアウト・リーチ（outreach）*2も含まれる。この段階ではいかに早期にケースを発見するかが重要である。

　スクリーニング（screening）とは，ケアマネジメントの必要の有無を判断する過程である。発見されたケースは，それぞれに緊急度や内容が異なる。

---

*1　根拠に基づく実践：「根拠に基づく医療」（EBM）を中心に，介護・看護・ヘルスケア・ソーシャルワーク・教育などの実践の決定には，客観的で信頼性のある科学的な根拠が必要であるとする考え方である。
*2　アウト・リーチ（outreach）：「手を伸ばすこと」「（地域社会などに手を差し伸べる）奉仕活動」を意味する言葉。

そのため,緊急度の高い人には最優先でケアマネジメントが提供される必要がある。また,ケアマネジメントが必要ではなく,単に情報提供のみで対応可能な場合には対象から除外することになる。

インテーク(intake)とは,ケアマネジメントが必要だと判断された人について,社会生活上の困り事やニーズを概略的に把握し,ケアマネジメントの内容をやさしく丁寧に説明し,その人がケアマネジメントを受けるかどうかの了解・契約をする過程である。

このインテークでは,対象者からの聞き取りを中心に,問題点やニーズの大枠をつかむための情報収集を行うことになる。ケアマネージャーは,援助を開始するにあたって対象者に対して,利用者本人のプライバシーが保護されることや,このケアマネジメントの過程がケアマネージャーと対象者がお互いに尊重し,協力し合って意志決定していく過程であることを確認することが必要である。

3) アセスメント

アセスメント(assessment)とは,集めた情報をもとに,その対象者のニーズ(生活問題)を明らかにし,解決のための手段を考える過程である。

アセスメントの方法には,フェイス・シート*1などを用いた定型化された質問項目一覧による場合と,定型化されていない面接技法による場合があり,両者の併用が可能である。

アセスメントの内容は,対象者によって異なるものの,身体面,疾病・障害などや,移動・排泄・食事などのADL及びIADL*2,満足度,性格・協調性,障害受容,知的状態・精神疾患など,家庭内生活の状況(役割・趣味など),生活歴・職歴,家族関係,介護環境,介護理解,家屋の状況,保健・福祉サービスの利用状況などの多岐にわたる〈文献(2)〉。

そのため,現在アセスメントの方法として,数多くの方式が開発されてい

---

*1 フェイス・シート:対象者の基本的属性を中心に,氏名,性別,年齢,住所,主訴,問題状況などの情報について記録する書類のこと。
*2 IADL:手段的日常生活動作(Instrumental Activities of Daily Living)の略。日常生活動作(ADL)が食事,入浴,排泄などの基本的な動作を意味するのに対して,こちらは,買い物,洗濯,服薬,金銭管理などを意味する。

る*。この過程で求められるものは，生活の全体性に配慮しながら幅広い情報の収集と分析を行い，包括的にニーズを明確にしていく姿勢である。

4) ケース目標の設定とケアプランの作成

アセスメントによってニーズを明らかにした後は，今後どのような結果につながるかという予後を予測し，その予測を加味して対象者にとって最適かつ達成可能と考えられる目標を設定する。そして，その目標達成のための具体的方法と期間を含む計画（ケアプラン）を立てることが求められる。これが，ケース目標の設定とケアプランの作成の過程である。

この目標の設定とケアプランの作成の過程では，対象者本人の参加も働きかけながら，対象者及び個々のサービス提供にあたる専門職と目標を共有し，その目標達成のためのケアプランの作成をすることが望ましい。目標設定とケアプラン作成は連続性を持つものであり，その基となるものは前段階のアセスメントで明らかとなったニーズであることに留意する必要がある。

5) ケアプランの実施

ケアプランの実施にあたっては，作成されたケアプランが個々のサービス提供機関に的確に伝えられることと，それぞれの機関が共通の目標とそれぞれの役割分担を理解することが必要である。

ケアマネージャーが作成したケアプランは，あくまでもそれぞれのサービス提供者の役割を明記したものにすぎないため，それぞれのサービス提供者は，サービス提供にかかる個別援助（支援）計画を立てなければならない。

また，実際のサービス提供の中で新たなニーズが表出した場合には，サービス提供者はケアマネージャーに報告することが求められる。その場合，ケアマネージャーはサービス提供者と連携して，サービス量の追加・軽減するなどのケアプランの変更を行うことになる。

6) モニタリング

モニタリング（monitoring）とは，ケアプランに位置付けられたサービ

---

*　高齢者介護の分野で用いられている代表的なものに，MDS-HC 方式，包括的自立支援プログラム方式，訪問看護振興財団方式，日本介護福祉士会方式，ケアマネジメント実践記録様式，TAI 方式，白澤政和方式，竹内孝仁方式などがある。

提供者がケアプランどおりにサービスを提供しているか,対象者の心身の状態や家族・介護状態の変化により,ニーズが変化していないかをチェックする過程である。ケアマネージャーは,ケアプラン実施後の早い段階で,このモニタリングによりサービス提供状況と対象者のニーズの変化について把握することが求められる。

7) 事後評価

モニタリングを通して観察できた対象者の生活状況や,各サービス提供者の支援の内容を,ある時点において総括する過程を「事後評価」あるいは「エバリュエーション」(evaluation)という。この目的は,①ケアマネージャーやサービス提供者の諸活動が,対象者の生活状況にどの程度効果的であったかという結果を,ある時点で立ち止まって測定すること,②ケアプランの各要素が,適切に分析,設定,選択されていたか検証することである。

評価の対象としては,サービスの種類・量,サービスの内容・質,ニーズの充足・改善目標,ニーズ,総合的な援助の方針などについて,適切であったかどうかを評価する。評価者としては,ケアマネージャー自身のみならず,対象者とその家族,サービス提供者など援助者のチームのメンバー,第三者など複数によって行われることが望ましい。

8) 再アセスメントなど

事後評価の過程で,解決すべきニーズが残った場合あるいは新たなニーズが表面化した場合には,再びアセスメントを行うことになる(再アセスメント)。再アセスメントは,ケース目標の設定とケアプランの作成,ケアプランの実施へとつながり,ニーズの解決・充足に向けた螺旋状のサイクルをたどる。このようなサイクルをたどることにより,再度作成されたケアプランは一層対象者に合わせた計画へと修正されることになる。

9) 終結

対象者のニーズを解決することによって目的を達成した場合や,対象者が死亡した場合などは,ケアマネジメントの「終結」として援助は終了となる。

また,ニーズの変化(要介護度の軽減・重度化など)により,現在のサービスでは不適当になった場合に,他の機関などがケアマネジメントを担う場

合にも一応の終結となる。

③ 介護保険制度におけるケアマネジメントとケアプラン

　介護保険制度におけるケアマネジメントは，介護サービスの調整を行う役割であり，いわば制度的ケアマネジメントと呼べるものである。

　介護保険制度におけるケアマネジメントは，対象者が介護支援専門員（ケアマネージャー）へケアマネジメントを依頼し，契約することによって開始される。ケアマネジメントによって作成されるケアプランには，居宅介護支援事業所に所属する介護支援専門員によって作成されるもの（居宅サービス計画）と，介護保険施設に所属する介護支援専門員によって作成されるもの（施設サービス計画）がある。居宅サービス計画の作成の有無は，原則として対象者に委ねられており，対象者及び家族自身で介護サービスをマネジメントすることも可能である（ただし，この場合にはまず介護サービスに要した費用の全額を払い，後に償還される形になる）。施設サービス計画の作成は，必ず介護保険施設の対象者ごとに作成しなければならない。

(2) 介護サービスの種類

　ケアマネジメントの手法を用い，ニーズを持つ人と結び付ける社会資源としてのサービスには，家族・地域社会・ボランティアなどによるインフォーマル・サービスと，制度に基づいたフォーマル・サービスがある。

　ここでは，フォーマル・サービスの中でも介護保険法に基づく介護保険サービスと障害者自立支援法に基づく介護給付について説明する。

① 介護保険サービスの種類

　介護保険法では，保険給付として介護給付・予防給付・市町村特別給付が規定されており，表6－1の介護保険サービス及び地域支援事業が定められている。介護保険サービスを受給するためには要介護認定を受けなければならず，要支援者は予防給付におけるサービスを受給し，要介護者は介護給付におけるサービスを受給するなど，要介護認定区分によって利用できるサービスが異なる。介護保険制度におけるケアマネジメントでは，対象者のニーズに基づいて，対象者とこれらのサービスを結び付けることが求められる。

第6章　介護サービス

1) 居宅サービス

　居宅で生活する要介護者（要介護1～5の者）が利用できるサービスとしては，表6-1のとおり，訪問サービスが5種類（訪問介護，訪問入浴介護，訪問看護，訪問リハビリテーション，居宅療養管理指導），通所サービスが2種類（通所介護，通所リハビリテーション），短期入所サービスが2種類（短期入所生活介護，短期入所療養介護），特定施設入居者生活介護，福祉用具貸与，特定福祉用具販売が定められている。

　また，直接的なサービス提供ではないものの，居宅介護住宅改修や居宅介護支援が介護給付に位置付けられている。それぞれの概要は表6-2のとおりである。

	予防給付におけるサービス		介護給付におけるサービス	
都道府県が指定・監督を行うサービス	◎介護予防サービス 【訪問サービス】 ○介護予防訪問介護 ○介護予防訪問入浴介護 ○介護予防訪問看護 ○介護予防訪問リハビリテーション ○介護予防居宅療養管理指導 ○介護予防特定施設入居者生活介護 ○介護予防福祉用具貸与 ○特定介護予防福祉用具販売	【通所サービス】 ○介護予防通所介護 ○介護予防通所リハビリテーション 【短期入所サービス】 ○介護予防短期入所生活介護 ○介護予防短期入所療養介護	◎居宅サービス 【訪問サービス】 ○訪問介護 ○訪問入浴介護 ○訪問看護 ○訪問リハビリテーション ○居宅療養管理指導 ○特定施設入居者生活介護 ○福祉用具貸与 ○特定福祉用具販売 ◎居宅介護支援 ◎施設サービス 　○介護老人福祉施設 　○介護老人保健施設 　○介護療養型医療施設	【通所サービス】 ○通所介護 ○通所リハビリテーション 【短期入所サービス】 ○短期入所生活介護 ○短期入所療養介護
市町村が指定・監督を行うサービス	◎介護予防支援 ◎地域密着型介護予防サービス 　○介護予防小規模多機能型居宅介護 　○介護予防認知症対応型通所介護 　○介護予防認知症対応型共同生活介護 　　（グループホーム）		◎地域密着型サービス 　○小規模多機能型居宅介護 　○夜間対応型訪問介護 　○認知症対応型通所介護 　○認知症対応型共同生活介護（グループホーム） 　○地域密着型特定施設入居者生活介護 　○地域密着型介護老人福祉施設入所者生活介護	

その他	○住宅改修	○住宅改修
市町村が実施する事業	◎地域支援事業 　○介護予防事業 　○包括的支援事業 　　・総合相談支援事業 　　・権利擁護事業 　　・包括的・継続的ケアマネジメント支援事業 　　・介護予防ケアマネジメント事業 　○任意事業	

表6-1　介護保険サービスなどの種類

参照：厚生労働省老健局『介護保険制度改革の概要：介護保険法改正と介護報酬改定』（平成18年3月）

サービスの名称	概　　　要
訪問介護(ホームヘルプ)	ホームヘルパー等が要介護者の自宅を訪問して，身体介護や生活援助及び通院等乗降介助を行う。
訪問入浴介護	看護職員・介護職員が要介護者の自宅を訪問し，浴槽を自宅に持ち込んで入浴の介護を行う。
訪問看護	看護師等が，自宅を訪問して療養上の世話や必要な診療上の補助を行う。
訪問リハビリテーション	理学療法士，作業療法士，言語聴覚士が，自宅等を訪問して，心身機能の維持回復を図り，日常生活の自立を助けるために必要なリハビリテーションを行う。
居宅療養管理指導	医師，歯科医師，薬剤師等が，通院困難な要介護者の自宅を訪問し，心身の状況や環境等を把握して，それらをふまえた療養上の管理・指導を行い，ケアマネージャー等に必要な情報提供を行う。
通所介護(デイサービス)	デイサービスセンター等に通い，入浴・食事の提供とその介護，生活等についての相談・助言，健康状態確認等の日常生活の世話と機能訓練を行う。
通所リハビリテーション（デイケア）	介護老人保健施設や病院・診療所に通い，心身の機能の維持回復を図り，日常生活の自立を助けるための，必要なリハビリテーションを行う。
短期入所生活介護（福祉系のショートステイ）	老人短期入所施設や指定介護老人福祉施設等に短期間入所し，入浴・排泄・食事等の日常生活の世話や機能訓練を行う。
短期入所療養介護（医療系のショートステイ）	介護老人保健施設や指定介護療養型医療施設等に短期間入所し，看護，医学的管理下の介護・機能訓練等の必要な医療や日常生活の世話を行う。
特定施設入居者生活介護	有料老人ホームや経費老人ホーム等の入居者である要介護者が，その施設で特定施設サービス計画に基づき，入浴・排泄・食事等の介護，生活等に関する相談・助言等の日常生活上の世話や，機能訓練・療養上の世話を利用する。施設が委託契約した訪問介護事業所を利用する外部サービス利用型もある。
福祉用具貸与	日常生活上の便宜を図り，機能訓練に役立つ福祉用具について，選定

第6章　介護サービス

	の援助・取り付け・調整などを行い，これらの貸与を行う。車椅子，特殊寝台，床ずれ防止用具，体位変換器，手すり，スロープ，歩行器，歩行補助杖等で工事を伴わないものが対象である。
特定福祉用具販売	入浴・排泄等に用いる特定福祉用具（腰掛便座，特殊尿器，入浴補助用具，簡易浴槽等）について，選定の援助・取り付け・調整などを行い，これらの販売を行う。
居宅介護住宅改修	手すりの取り付け等の住宅改修を行った時は，実際の改修費の9割を償還払いで支給する。
居宅介護支援（介護サービス計画の作成など）	在宅の要介護者が，介護保険から給付される在宅サービス等を適切に利用できるように，介護サービス計画の作成，在宅サービス事業者との利用調整や介護保険施設への紹介等を行う。

表6-2　居宅サービスなど（介護給付）
参照：広島県健康福祉局『平成22年度ひろしま高齢者ガイドブック』

2）　地域密着型サービス

2005年（平成17年）6月の介護保険法改正により，2006年（平成18年）4月から地域密着型サービスが創設された。これは，介護保険法の目的規定に「尊厳の保持」が規定されたことを受け，住み慣れた地域で，地域の特性に応じて多様で柔軟なサービス提供が可能となるよう創設されたものである。

地域密着型サービスとしては，表6-3のサービスが規定されており，市町村が事業者の指定や監督を行い，原則としてその市町村に居住する住民のみが利用することができるなどの特徴がある。

サービスの名称	概　要
夜間対応型訪問介護	ホームヘルパー等が夜間に要介護者の自宅を定期的に訪問したり，連絡に応じて訪問したりして，排泄の介護，日常生活上の緊急時の対応その他の夜間において安心してその居宅で生活を送ることができるようにするための援助を行う。
認知症対応型通所介護	要介護者及び要支援者が，デイサービスセンター等に通い，入浴・食事等の提供とその介護，生活についての相談・助言，健康状態の確認等の日常生活の世話と機能訓練を行う。
小規模多機能型居宅介護	「通い」を中心として，利用者の様態や希望に応じ，随時「訪問」や「泊まり」を組み合わせてサービスを提供することで，在宅での生活継続を支援する。
認知症対応型共同生活介護	比較的安定状態にある認知症の要介護者が，少人数（5～9人）の家庭的な環境のもと，共同生活を送る認知症高齢者のためのグループホームで，入浴，排泄，食事等の日常生活上の世話，機能訓練を行う。
地域密着型特定施設入居者生活介護	入所定員29人以下の介護専用型特定施設である有料老人ホームや軽費老人ホームに入居している要介護者が，特定施設サービス計画に基づ

	き，入浴・排泄・食事などの介護，生活等に関する相談・助言等の日常生活上の世話や，機能訓練・療養上の世話を利用する。
地域密着型介護老人福祉施設入所者生活介護	入所定員が29人以下の老人福祉法に規定する特別養護老人ホームで，要介護者に対し施設サービス計画に基づき，入浴・排泄・食事等の介護などの日常生活上の世話，機能訓練，健康管理，療養上の世話を行う施設。

表6-3　地域密着型サービス（介護給付）

参照：広島県健康福祉局『平成22年度ひろしま高齢者ガイドブック』

3）　予防給付におけるサービス

2005年（平成17年）6月の介護保険法改正により居宅で生活する要支援者（要支援1・2の者）が利用できる予防給付は表6-4のとおり再編されている。

介護給付にもこれらのサービスに類似するものがあるが，自立支援を徹底する観点から，状態の維持・改善を重視したサービス提供が行われる点に大きな違いがある。

サービスの名称	概　　要
介護予防サービス	表6-2の居宅サービスと類似するサービスであるが，介護予防を目的として，状態の維持・改善を重視したサービス提供を行う。
介護予防支援	在宅の要支援者が，介護予防サービス等を適切に利用できるように，依頼を受けた専門機関により行なわれる介護予防サービス計画の作成，介護予防サービス事業者との利用調整や紹介等のケアマネジメントのこと。
地域密着型介護予防サービス	地域の特性に応じて多様で柔軟なサービスが市町村によって提供されるよう新設された「地域密着型サービス」予防版。介護予防を目的として状態の維持・改善を重視したサービス提供を行う。

表6-4　介護予防サービスなど（予防給付）

参照：広島県健康福祉局『平成22年度ひろしま高齢者ガイドブック』

4）　施設サービス

要介護者のうち，身体上・精神上著しい障害があるため，常時介護を必要とする場合や，医学的管理下における療養や看護，介護や機能訓練が必要である場合など，在宅介護が困難な場合には施設サービスを利用することができる。施設サービスは，表6-5のとおりである。

施設種別	概　　要
指定介護老人福祉施設	入所定員が30人以上の老人福祉法に規定する特別養護老人ホームであり，施設サービス計画に基づき，日常生活上の世話，機能訓練，健康

第6章　介護サービス

	管理，療養上の世話を行うことを目的とした施設。
介護老人保健施設	要介護者に対し，施設サービス計画に基づき，看護，医学的管理下における介護，機能訓練，必要な医療，日常生活上の世話を行う施設。平成20年5月から，夜間の看護体制や看取りの対応体制の整った介護療養型老人保健施設の介護報酬が創設されている。
指定介護療養型医療施設	療養病床などを持つ病院・診療所の介護保険適用部分に入院する要介護者に対し，施設サービス計画に基づき，療養上の管理，看護，医学的管理下の介護などの世話，機能訓練などの必要な医療を行うことを目的とした施設。

表6-5　施設サービス（介護給付）

参照：広島県健康福祉局『平成22年度ひろしま高齢者ガイドブック』

5) 地域支援事業

2005年（平成17年）6月の介護保険法改正により，要支援・要介護状態になる前からの介護予防を推進するとともに，地域における包括的・継続的なマネジメント機能を強化する観点から，市町村が実施する地域支援事業が創設された。地域支援事業の内容は表6-6のとおりである。

事業の名称	概　要
介護予防事業	地域の要支援・要介護になる恐れの高い高齢者を対象として，介護予防事業（運動器の機能向上，栄養改善，口腔機能の向上，閉じこもり予防・支援，認知症予防・支援，うつ予防・支援）を実施する。また，介護予防に関する普及啓発活動やボランティアの育成等も行う。
包括的支援事業	①介護予防ケアマネジメント事業，②総合相談支援事業，③権利擁護事業，④包括的・継続的ケアマネジメント支援事業が定められている。
任意事業	市町村は，介護給付等費用適正化事業，家族介護支援事業などを行うことができる（任意規定）。

表6-6　地域支援事業（市町村が実施する事業）

参照：広島県健康福祉局『平成22年度ひろしま高齢者ガイドブック』

② **障害者福祉における介護サービス**

介護福祉士として，介護サービスの提供を行う対象は高齢者だけではない。多くの介護福祉士が，障害者支援の領域における障害福祉サービスの担い手でもある。

2005年（平成17年）11月に成立した障害者自立支援法では，自立支援給付として介護給付（表6-7）と訓練等給付（表6-8）が規定されている。また，市町村が行う事業として地域生活支援事業（表6-9）が位置付けられている。

サービスの名称	概　　要
居宅介護(ホームヘルプ)	自宅で，入浴，排泄，食事の介護等を行う。
重度訪問介護	重度の肢体不自由者で常に介護を必要とする者に，自宅で，入浴，排泄，食事の介護，外出における移動支援などを総合的に行う。
行動援護	自己判断能力が制限されている者が行動する時に，危険を回避するために必要な支援，外出支援を行う。
重度障害者包括支援	介護の必要性が非常に高い者に，居宅介護等複数のサービスを包括的に行う。
児童デイサービス	障害児に，日常生活における基本的な動作の指導，集団生活への適応訓練等を行う。
短期入所（ショートステイ）	自宅で介護する者が病気の場合などに，短期間，夜間も含め施設で入浴，排泄，食事の介護等を行う。
療養介護	医療と常時介護を必要とする者に，医療機関での機能訓練，療養上の管理，看護，介護及び日常生活の世話を行う。
生活介護	常に介護を必要とする者に，昼間，入浴，排泄，食事の介護等を行うとともに，創作的活動または生産活動の機会を提供する。
施設入所支援	施設に入所する者に，夜間や休日，入浴，排泄，食事の介護等を行う。
共同生活介護(ケアホーム)	夜間や休日，共同生活を行う住居で，入浴，排泄，食事の介護等を行う。

表6-7　障害者自立支援法に基づく介護サービス（介護給付）
参照：全国社会福祉協議会『平成22年度障害者自立支援法のサービス利用について』

サービスの名称	概　　要
自立訓練（機能訓練・生活訓練）	自立した日常生活又は社会生活を営むことができるよう，一定期間，身体機能又は生活能力の向上のために必要な訓練等を行う。
就労移行支援	就労を希望する者に一定期間生産活動等の機会を提供し，就労に必要な知識及び能力の向上のために必要な訓練等を行う。
就労継続支援（雇用型・非雇用型）	一般企業での就労が困難な者に，就労の機会を提供するとともに，生産活動等の機会を提供し，その知識及び能力の向上のために必要な訓練等を行う。
共同生活援助（グループホーム）	地域で共同生活を営むのに支障のない者に，夜間，共同生活を行う住居で相談や日常生活上の援助を行う。

表6-8　障害者自立支援法に基づくサービス（訓練等給付）
参照：全国社会福祉協議会『平成22年度障害者自立支援法のサービス利用について』

事業の名称	概　　要
移動支援	円滑に外出することができるよう，移動を支援する。
地域活動支援センター	創作的活動又は生産活動の機会の提供，社会との交流等を行う施設。
福祉ホーム	住居を求めている者が，低額な料金で，居室その他の設備を利用するとともに，日常生活に必要な援助を受ける施設。

表6-9　地域生活支援事業（市町村が実施する事業）
参照：全国社会福祉協議会『平成22年度障害者自立支援法のサービス利用について』

第 6 章　介護サービス

(3) サービスの報酬，算定基準

① 介護報酬について

　介護保険制度に基づき提供された介護サービスに要した費用として，事業者・施設に支払われる報酬を介護報酬という。介護報酬の算定基準は厚生労働大臣が定めるものとされており，原則として 1 単位 10 円で計算する。ただし，地域間の物価・地価・人件費などを考慮して，特別区などの地域ごとに[*1]単位の単価を 10 円〜10.80 円として扱っている。表 6 - 10 は，各種サービスごとに設定されている介護報酬の一例である。

訪問介護費	
1　身体介護が中心である場合	
(1)　所要時間30分未満	254単位
(2)　所要時間30分以上1時間未満	402単位
(3)　所要時間1時間以上の場合	584単位
	＋（30分毎に）83単位
2　生活援助が中心である場合	
(1)　所要時間30分以上1時間未満	229単位
(2)　所要時間1時間以上	291単位
3　通院等のための乗車・降車の介助が中心	100単位
介護福祉施設サービス（1日につき）	
1　介護福祉施設サービス費（Ⅰ）	要介護1　　589単位
	要介護2　　660単位
	要介護3　　730単位
	要介護4　　801単位
	要介護5　　871単位
2　ユニット型小規模介護福祉施設サービス費（Ⅰ）	要介護1　　820単位
	要介護2　　887単位
	要介護3　　955単位
	要介護4　1,022単位
	要介護5　1,089単位

参照：厚生労働省告示[*2]をもとに執筆者作成

表 6 - 10　介護報酬の一例

[*1]　厚生省告示第 22 号「厚生労働大臣が定める一単位の単価」
[*2]　厚生省告示第 19 号「指定居宅サービスに要する費用の額の算定に関する基準」及び厚生省告示第 21 号「指定施設サービス等に要する費用の額の算定に関する基準」

② 区分支給限度基準額と利用者負担

介護保険制度の財源は，被保険者の保険料や公費（国，都道府県，市町村）を元にしているため，無制限のサービス利用はできない仕組みになっている。

サービス利用の上限として区分支給限度基準額が定められており，認定された要介護状態区分に応じた支給限度基準額（表）の範囲内であれば，利用者負担額は利用した金額の1割となる。支給限度基準額を超えてサービスを利用する場合は，それを超えた分は全額自己負担となる。

・要支援1	4,970単位（49,700円）
・要支援2	10,400単位（104,000円）
・要介護1	16,580単位（165,800円）
・要介護2	19,480単位（194,800円）
・要介護3	26,750単位（267,500円）
・要介護4	30,600単位（306,000円）
・要介護5	35,830単位（358,300円）
・福祉用具購入費	10万円／1年間
・住宅改修費	20万円

※（　）内は1単位＝10円として計算

参照：厚生労働省告示＊をもとに執筆者作成

表6-11　区分支給限度基準額（居宅サービス）

③ 高額介護（予防）サービス費

区　　分	世帯上限額	
(1)下記(2)(3)に該当しない場合	37,200円	
(2)①市町村民税世帯非課税 　②24,600円の減額により被保護者とならない場合	24,600円	
市町村民税世帯非課税で，（公的年金等収入金額＋合計所得金額）の合計額が80万円以下である場合	個人	15,000円
市町村民税世帯非課税の老齢福祉年金受給者	個人	15,000円
(3)①生活保護の被保護者 　②15,000円への減額により被保護者とならない場合	個人 	15,000円 15,000円

表6-12　利用者負担上限額

参照：介護保険法施行令をもとに執筆者作成

＊　厚生省告示第三十三号「居宅介護サービス費等区分支給限度基準額及び介護予防サービス費等区分支給限度基準額」

第6章　介護サービス

　高齢者世帯の中には，低所得などの理由から1割の利用者負担額を支払うことが難しい世帯もある。高額介護（予防）サービス費とは，利用者が1ヵ月に受けたサービスの利用者負担額（同じ世帯に複数の利用者がいる場合は世帯で合計）が下記の上限額を超えた場合，超えた負担額が払い戻される制度である。利用者負担上限額は表6-12のとおりである。

2　介護サービス提供の場の特性

(1) 居宅

　高齢あるいは傷病(しょうびょう)によって要介護・要支援の状態となった場合には，自分自身で行うことのできる日常生活上のさまざまな活動が困難となる。その場合，インフォーマル・サービスとフォーマル・サービスを日常生活に組み入れ，生活を継続していくことが必要となる。

		月	火	水	木	金	土	日
深夜早朝	4:00							
	6:00							
午前	8:00		訪問介護(ホームヘルパー)		訪問介護(ホームヘルパー)		訪問介護(ホームヘルパー)	
	10:00	通所介護または通所リハビリ		通所介護または通所リハビリ		通所介護または通所リハビリ		
	12:00							
	14:00							
午後夜間	16:00	訪問介護(ホームヘルパー)	訪問介護(ホームヘルパー)	訪問介護(ホームヘルパー)	訪問介護(ホームヘルパー)	訪問介護(ホームヘルパー)	訪問介護(ホームヘルパー)	訪問介護(ホームヘルパー)
	18:00							
	20:00							
深夜早朝	22:00							
	24:00							
	2:00							
	4:00							
週単位以外のサービス		短期入所が6ヵ月に3週間程度。福祉用具貸与：車椅子，特殊寝台，マットレス							

表6-13　居宅サービスの提供例（要介護3：通所サービスを多く利用したい場合の例）
参照：広島県健康福祉局『平成22年度ひろしま高齢者ガイドブック』をもとに執筆者作成

しかし，居宅で暮らす対象者の価値観や生活歴は多様であり個別性を持つものである。ケアマネジメントによって居宅サービスなどのフォーマル・サービスを提供する際には，本人の思いや希望を確認しながらサービスを配置する必要がある。表6-13は居宅サービスの提供例である。

(2) 施設

重度の要介護者が居宅での生活を続けるためには，見守りを含めると24時間365日の「切れ間のない介護」が必要となる。

しかし，独居の人や，家族が同じく高齢や傷病・障害の状態にある場合など，さまざまな事情によって家族による介護を望めない場合がある。また，居宅介護サービスを利用するにも，経済的に困窮していたり，住んでいる地域によっては訪問介護などの利用が難しい地域であるなど，サービスを十分に利用することが難しい場合がある。

このようなさまざまな理由により在宅生活が限界を迎えた時には，主に家族や周囲の人たちによって施設への入所が選択されることが多い。

施設において，居宅では難しい「切れ間のない介護」が可能である理由としては，施設には人員，設備及び運営に関する一定の基準を満たすことが求められていることが挙げられる。指定居宅サービス及び指定施設サービスなどを提供する事業者・施設は，厚生労働大臣が定める基準に従わなければならないが，指定施設サービスを行うために満たさなければならない基準は，24時間365日のケア体制を実現するために高い水準のものが定められている*。

在宅介護に疲弊した家族にとって，重度の要介護者本人の安全と介護者の介護負担の解消につながる介護老人福祉施設などへの入所は，合理的な選択として要望されやすい。そのため，入所を希望しながらも定員が満たされているために入所を待機している人（入所待機者）の数は多い。しかし，住み

---

* 厚生省令第39号「指定介護老人福祉施設の人員，設備及び運営に関する基準」及び厚生省令第40号「介護老人保健施設の人員，施設及び設備並びに運営に関する基準」，厚生省令第41号「指定介護療養型医療施設の人員，設備及び運営に関する基準」

慣れた居宅からの施設入所は，利用者にとって大きな環境の変化であり，心身にかかる負担が大きいことも事実である。

また，施設での生活は一定のスケジュールに基づいたものとなるため（表6-14参照），利用者がそれまで営んできた生活リズムと大きく異なることも考えられる。それらの影響により，入所直後に不穏や抑うつ状態など，精神的な変調がみられる場合がある。職員間のケアカンファレンスなどを通して，本人の生活歴や生活リズム，大切にしている身の回りのもの，日頃の様子などについての情報を共有し，利用者が緩やかに施設生活に慣れていけるような環境づくりを行う必要がある。

5:30	排泄支援①
6:00	起床，着替え，洗面
7:30	朝食，服薬介助，口腔ケア
9:00	ラジオ体操，排泄支援②
9:30	配置医師による回診・外来受診
10:00	クラブ活動，レクリエーション・行事，自由時間
12:00	昼食，服薬介助，口腔ケア
13:00	排泄支援③
14:00	入浴（週2回），レクリエーション，自由時間
15:30	おやつ
16:30	排泄支援④
18:00	夕食，服薬介助，口腔ケア，着替え，洗面
21:00	排泄支援⑤
22:00	消灯

他に，体位変換，失禁者への介助や夜間不眠者への対応なども行う
（この日課表はモデル的なもので，利用者の方の状態に応じて臨機応変に対応している）

表6-14　施設サービスの提供例（介護老人福祉施設の一日の流れ）
参照：東京都東村山ナーシングホーム「特養利用者の一日」

(3) 居宅サービスと施設サービスの関係

対象者を中心に置いた支援を考える時，居宅サービスと施設サービスの特性の一部分のみに焦点を当て，両者を固定的に捉えて議論するべきではない。

近年，対象者のニーズにきめ細かに対応するために，施設の機能を地域の対象者に出前する「サテライト型」サービスや，医療機関をはじめ居宅サー

ビスから施設サービスまで連携した「地域包括ケアシステム」など,居宅サービスと施設サービスを二元的に捉える視点では分類することができないサービス提供のあり方が模索され,実践が積み上げられてきた。平成18年4月の介護保険法改正により創設された小規模多機能型居宅介護サービスなどは,そうした実践の積み重ねの成果といえる。

　これからの介護福祉士は,既存のサービスに利用者を当てはめるのではなく,利用者のニーズに合わせてサービスのあり方を考えていく姿勢が求められる。
　　　　　　　　　　　　　　　　　　　　　　　　　　　　　　　（河野喬）

参考・引用文献
(1)　白澤政和・渡辺裕美・福富昌城編著『福祉キーワードシリーズ　ケアマネジメント』中央法規出版,2002年,2頁。
(2)　白澤政和・橋本泰子・竹内孝仁監修『ケアマネジメント概論』中央法規出版,2000年,69頁。
(3)　デイビッドP.マクスリー（野中猛,加瀬裕子監訳）『ケースマネジメント入門』中央法規出版,1994年。
(4)　白澤政和『ケースマネージメントの理論と実際』中央法規出版,1992年。
(5)　近藤克則『医療・福祉マネジメント　福祉社会開発に向けて』ミネルヴァ書房,2007年。
(6)　広島県健康福祉局『平成22年度ひろしま高齢者ガイドブック』2010年。同ガイドブックはHP上でも公開されている。（http://www.pref.hiroshima.lg.jp/page/1214197843673/index.html：平成22年8月4日現在）
(7)　宮島渡編著『地域でねばる　アザレアンさなだの挑戦』筒井書房,2004年。
(8)　全国社会福祉協議会『障害者自立支援法のサービス利用について』,2008年。

第7章

介護実践における連携

1997年（平成9年）に成立した介護保険制度をきっかけにして，高齢者介護を医療だけでなく，他の職種とのチームアプローチで見ていく必要性がいわれている。このような視点では，医療面だけから見ていた患者を，福祉や保健の対象者として見ることで，従来の患者の病気を治療するという狭い目標から，対象者の生活を豊かにするといった目標に広げることが可能となる。また，複雑多岐にわたる対象者のニーズに応えることができるような質の高い介護を提供するには，保健・医療・福祉の連携は不可欠といえる。本章では，福祉関係職種の機能と役割について学び，またその提携の意義とあり方についての理解を深める。

1　多職種連携

(1)　福祉関係職種の機能と役割，連携

①　社会福祉士

社会福祉士法及び介護福祉士法によると，「社会福祉士」とは，社会福祉士の名称を用いて，専門的知識及び技術を持って，身体上もしくは精神上の障害がある，または環境上の理由により日常生活を営むのに支障がある者の福祉に関する相談に応じ，助言，指導，福祉サービスを提供する者，または医師その他の保健医療サービスを提供する者，その他の関係者との連絡及び調整その他の援助を行うことを業とする者をいう。

具体的には，
1) 児童福祉法関係施設（児童相談所，養護施設，知的障害児施設など）
2) 身体障害者福祉法関係施設（身体障害者更生施設，身体障害者療護施

　　　　設など）
　3）　生活保護関係施設（救護施設，更生施設など）
　4）　社会福祉法関係事業所（福祉事務所，社会福祉協議会など）
　5）　売春防止法関係施設（婦人相談所，婦人保護施設など）
　6）　知的障害者福祉法関係施設（知的障害者更生施設，知的障害者授産施設など）
　7）　老人福祉法関係施設（特別養護老人ホーム，在宅介護支援センターなど）
　8）　母子及び寡婦(かふ)福祉法関係施設（母子福祉センターなど）
　9）　医療法関係施設（病院など）

などにおける，相談・援助業務が挙げられる。このように，社会福祉士は，生活上で困っている人など，生活に不安があるすべての人に対して相談に応じ，一緒に考えていくことを仕事としている。

　② 医療ソーシャルワーカー

　医療ソーシャルワーカーは医療機関などで，患者とその家族の相談・援助業務を行う。社会福祉の専門家として，患者にかかわる経済的，社会的，心理的な悩みなどの相談を受け，面接を通して問題解決のための支援を行っている。

　具体的には，入院や外来などの療養中に生じる医療費や生活費などの経済的な相談，学校や職場に復帰する際に障害となることの相談，また退院後の在宅療養準備といった手助けを行う。同時に病気や障害，社会福祉について，多くの人々の理解と協力を得るための活動も行う。

　③ 精神保健福祉士

　精神保健福祉士とは，精神障害者の保健及び福祉に関する専門的知識及び技術を持って，精神障害の医療を受けたり，社会復帰促進施設を利用している精神障害者の相談に応じ，援助を行うことを業とする者をいう。精神医学ソーシャルワーカーもしくは，精神科ソーシャルワーカーからPSWとも呼ぶ。精神保健福祉センターや保健所，精神障害者福祉施設などには必置資格に準ずる配置となっている。また，精神科病院やクリニックでも配置されて

第7章　介護実践における連携

いる他，近年においては，企業のメンタルヘルス問題などを扱う EAP 分野*においてもその範囲を広げ，活動は必ずしも医療・福祉分野に限らない。

④　介護支援専門員

2000年（平成12年）に施行された介護保険法に基づく資格。介護支援専門員は，居宅介護支援事業所・地域包括支援センター・各種施設に所属し，介護保険において要支援・要介護と認定された人に対してアセスメントに基づいたケアプランを作成し，ケアマネジメントを行うことを業とする。介護に関する相談援助や関係機関との連絡調整・介護保険の給付管理などを行う。

受験資格には下記の法定資格を取得したのち5年以上の実務経験が必要とされる。医師，歯科医師，薬剤師，保健師，助産師，看護師，准看護師，理学療法士，作業療法士，社会福祉士，介護福祉士，視能訓練士，義肢装具士，歯科衛生士，言語聴覚士，あん摩マッサージ指圧師，はり師，きゅう師，柔道整復師，栄養士，精神保健福祉士。

⑤　手話通訳士

手話通訳が必要な人に対し，相互の意思伝達を行い，コミュニケーションを仲介する者をいう。実際の通訳場面では両者の意見や立場を知り得る唯一の人として，重要な役割を担っていることから，手話通訳者には，公正な態度やさまざまなことを理解する知識及び高い通訳技術が求められている。

⑥　レクリエーションワーカー

心身に障害を持つ人や高齢者などが，レクリエーションを通じて自己実現の快感を得たり，生きがいを見つけ出す支援を行う。レクリエーションワーカーは，福祉施設などで生活プログラムとして実施されるレクリエーションを，楽しく提供できるように企画や準備，運営などを行う。

⑦　その他の福祉関連専門職

介護福祉活動を提供する地域保健センター，福祉事務所，社会福祉協議会，非営利ボランティア団体で働く職員が資格の有無にかかわらず，連携していかなければならない職種である。また，地域においては民生委員との連携の

---

*　EAP（Employee Assistance Program）。企業に勤める従業員の心の健康を守る，専門の支援プログラム。

機会も考えられる。

(2) 保健医療職種の機能と役割，連携

① 医師（一般医，専門医，歯科医師）

1) 一般医

体調に異常を感じたら，最初に受診をする，かかりつけ医を指す。内科医や小児科医が一般医にあたる。高齢者では，介護認定や障害認定を受ける際に医師の意見書を必要とする。医師は医師法に基づき，法的責任のもと医療行為を行う業務独占資格である。

2) 専門医

厚生労働省では，2002年（平成14年）4月より，専門医を認定する制度を発足し，日本専門医認定制機構と各医学会が協働して，5年以上の専門研修を受け，資格審査ならびに専門医試験に合格した医師だけを専門医として認定する仕組みを作った。2006年（平成18年）10月31日現在，63種類の専門医が存在し，全国で211,979人が活躍している。一般医と専門医の関係は，専門的な医療が必要な場合に，一般医が専門医に紹介するというシステムである。

3) 歯科医師

歯科医師法では，歯学に基づき傷病の予防，診断及び治療，そして公衆衛生の普及を業とする者をいう。その職務に関しては，歯科医師法で規定されている。

② 看護師

保健師助産師看護師法第5条において「看護師」とは，厚生労働大臣の免許を受けて，傷病者もしくは褥婦に対する療養上の世話又は診療の補助を行うことを業とする者をいう。現在，病院や福祉施設，訪問看護ステーション，企業など多岐にわたる分野で業務を行っている。

③ 保健師

保健師助産師看護師法第2条において「保健師」とは，厚生労働大臣の免許を受けて，保健師の名称を用いて，保健指導に従事することを業とする者をいう。現在，行政，地域包括支援センター，病院，施設，企業，学校など

多岐にわたる分野で業務を行っている。

　④　**助産師**

　保健師助産師看護師法第3条において「助産師」とは，厚生労働大臣の免許を受けて，助産又は妊婦，褥婦もしくは新生児の保健指導を行うことを業とする女子をいう。病院の産婦人科，助産所，行政などで業務を行っている。

　⑤　**薬剤師**

　薬剤師法第1条によると，薬剤師は，調剤，医薬品の供給，その他薬事衛生をつかさどることによって，公衆衛生の向上及び増進に寄与し，もって国民の健康な生活を確保するといった業務を行っている。病院の薬剤科や施設，調剤薬局といったところで業務を行っている。

　⑥　**理学療法士（PT：physical therapist）**

　病気やけがのために障害を負った患者の基本的な身体運動機能（腕や足の曲げ伸ばし，立位や座位，歩行や走ったりといったさまざまな動作機能）を回復させ，速やかに社会生活を取り戻せるようにする専門職のことをいう。病院，福祉施設，肢体不自由者更生施設，身体障害者更生援護施設，視覚障害者更生施設など多岐にわたる分野で業務を行っている。

　⑦　**作業療法士（OT：occupational therapist）**

　病院やリハビリテーションセンター，福祉施設などに勤務し，さまざまな作業を通じて，患者が失った身体の機能と社会適応能力を回復していく。

　⑧　**言語療法士（ST：speech therapist）**

　コミュニケーションの問題は，脳卒中後の失語症，聴覚障害など多岐にわたり，小児から高齢者まで幅広く現れる。言語聴覚士は，言葉によるコミュニケーションに問題がある人に，専門的サービスを提供し，自分らしい生活を構築できるよう支援する専門職である。また，摂食・嚥下障害の問題にも対応する。病院，行政などで業務を行っている。

　⑨　**栄養士（DT：Dietitian）**

　都道府県知事の免許を受けて，栄養士の名称を用いて栄養の指導に従事することを業とする者をいう。病院，行政，福祉施設，児童施設，学校といった分野で業務を行っている。

⑩ **臨床心理士**（CP : clinical psychologist）

近年は心の問題が増加し，その解決を図るために，何らかの援助を必要とすることが多くなってきている。臨床心理士とは，カウンセラー，セラピストなどさまざまな分野の専門家のうち，臨床心理学を学問的基盤に持つ者のことをいう。

⑪ **義肢装具士**（PO : prosthetist and orthotist）

義肢装具士は，厚生労働大臣からの免許を受けて，医師の処方に基づき，装着部分を正確に採型・採寸し，製作に取りかかり，さらに数回にわたる仮合わせを経て，最終的に患者に適合されるまでかかわる重要な役割を担う。

(3) まとめ

このようにチームの連携を構成する職種は多い。対象者がそれぞれ条件の異なる在宅で，個別性を大切にした日常生活を送るためには，必要なサービスを在宅に取り込むことや施設サービスや通所サービスといった既存のサービスを個々の状況に応じて選択することが必要となる。

従来の，病気治療を中心に対象者をみる視点から，その対象者の生活全般をみる視点へと拡大し，在宅生活における QOL（p.42 参照）を向上していくためには，多くの専門職の知識と工夫が必要である。そのために，お互いの専門性を尊重し，他職種と意見交換を行いながら，互いに役立つことは学び合い，協働する姿勢が大切である。

2　地域連携

(1) 地域連携の意義と目的

地域連携の意義とは，介護を中心とした連携のみならず，その対象者が生活者であるという立場から，家族も含めた福祉・保健・医療・教育の専門の枠を越え連携することであり，また地域連携によって生活者である人々の人生の質を高めることが目的である。

(2) 地域住民・ボランティアなどのインフォーマルサービスの機能と役割，連携

　インフォーマルサービスとは，行政が直接・間接的に提供するサービスでは充足されない「隠れた」ニーズに対応するサービスのことをいう。
　例えば，家族・親戚・近隣・友人や同僚・ボランティアなどの非公式な援助活動がこれにあたる。対語はフォーマルサービスであり，国や地方公共団体など公的機関が行う法律などの制度に基づいた福祉や介護のサービスのことであり，介護保険や医療保険などで給付されるサービスのことをいう。
　インフォーマルサービスの機能と役割は「フォーマルサービスでは補えない部分の援助を行うこと」である。インフォーマルサービスゆえの利点を考えてみると，インフォーマルサービスの供給主体が家族や親戚，近隣や友人であることなどから，対象者の特性をよく把握していることが挙げられる。そのため，単にサービスを補うだけの機能に留まらず，安心できる人との交流が，対象者の心理的安寧をもたらすことにつながる。また対象者の生きてきた背景や人生に対する心情，嗜好や性格といった個人特性を既に把握できていることから，そのサービスは，より対象者のQOLを向上させるものである。また，インフォーマルサービスはサービスを受ける際にコストが発生しないという利点もある。そして対象者への支援を通じて，対象者と介護者のコミュニケーションを深めることにもなる。このことは，一対象者と介護者だけの問題ではなく，地域のコミュニティに伝播され，広く地域連携につながっていくものである。
　次に連携であるが，介護保険制度が開始され，多くの高齢者がそのサービスを受給しているが，これらのサービスを実際に受けていても，一部に介助が必要なケースがある。
　例えば，一人暮らしで軽度認知症がある高齢者のAさんが，生活にメリハリをつけるため，また活動量を増やす目的で通所リハビリテーションに通うことになったとしよう。この場合，通所リハビリテーションの車が迎えに来ても，Aさんは本日が通所リハビリテーションに行く日であることも忘れ，布団にもぐって寝ている。この場合，通所リハビリテーションに行くために

は，誰かがそのことをAさんに知らせなければならない。前日に知らせておいても，短期記憶の低下が認められるため難しい。その際は，朝のうちに誰かがAさんに知らせることになるが，そのことだけに訪問ヘルパーを利用するのが難しい場合もある。介護保険の受給サービスに余裕があれば可能であるが，もし，その他のサービスで多くを占め余裕がなければ，訪問ヘルパーを利用することができない。この事例の場合，近隣の人が朝のゴミ出しの際に声をかけたり，新聞配達，牛乳配達の配達員に声をかけてもらうという方法もある。このように介護保険サービスといったフォーマルサービスに対し，主に足りない部分を補う形での連携は，地域のコミュニティを活発にし，地域活性にもつながる尊いものであると筆者は考える。

このような連携の中で介護福祉士のなすべきことは，まずは地域におけるフォーマルサービス，インフォーマルサービスの供給主体の種類を理解することが必要である。また，職場が老人保健施設などの施設内であっても，対象者が入所してきた時から，その視点を広く在宅へ向け，この人が地域で生活していくためにはどのような制度の活用が必要か，また，具体的に必要となるサービスは何か，入所中の到達目標はどのように設定し，その達成のためには，どのような計画を持って援助を行うかといった，先を見据え広い視野に立ったうえでの日々の活動が望まれる。また，介護福祉士は対象者の日常生活援助を行う最も身近な存在である。だからこそ，対象者が在宅で生活をしていくうえで必要と考えるサービスがあれば，他の専門職に提案していくことも必要である。

(3) 地域包括支援センターの機能と役割，連携

地域包括支援センターとは，平成18年4月1日から介護保険法の改正に伴い創設された機関であり，その業務内容は，地域住民の心身の健康維持や生活の安定，保健・福祉・医療の向上，財産管理，虐待防止といった課題に対し，総合的なマネジメントを行い，課題解決に向け実践していく機関である。

地域包括支援センターは，日常生活圏域（おおむね人口2～3万）に1ヵ所設置される予定で，小規模な市町村では，複数市町村が共同設置する場合

もある。2008年4月末の時点で全国に3976ヵ所あり，厚労省は中学校区を目安に約5000ヵ所まで増やす考えである。また，センターの業務を公正・中立に運営するため，市町村ごとに運営協議会をつくり，公正・中立性の確保を確認している。

① **基本機能**
1) 総合的な相談窓口機能

高齢者やその家族，地域住民などからさまざまな相談を受けたり，訪問してどのような支援が必要かを把握し，他の適切なサービスにつなげる。地域の高齢者の実態把握，虐待，成年後見制度といった権利擁護に関する問題，悪徳商法や訪問販売からの消費者被害防止に向けた取り組みなどを行う。

2) 介護予防マネジメント：新・予防給付の予防プランの作成

要支援の認定を受けた人及び虚弱(きょじゃく)な高齢者の人に，適切なサービス利用に向けてのケアプランを作成し，サービス利用後にはそれを評価する。その結果に伴い，介護が必要な状態にならないよう予防の視点でプランを見直す。

3) 包括的・継続的なマネジメント

介護サービス以外のさまざまな生活支援も含まれる。原則的には，市町村が実施主体であるが，非営利法人などに運営を委託(いたく)することもできる。介護に携わるケアマネージャーなどへの指導・助言，関係機関との調整を行い，必要なサービスが提供されるようにする。

② **地域包括支援センターに配置される下記の3専門職とその担当業務**
1) 社会福祉士：総合的な相談窓口機能
2) 保健師：介護予防マネジメント
3) 主任ケアマネージャー：包括的・継続的なマネジメント，ケアマネージャーの支援

③ **地域包括支援センターの担当業務と介護福祉士との連携**

地域包括支援センターは，公正と中立の立場から，その地域における支援の中心的な役割を果たすが，その役割を果たすために，社会福祉士，保健師，主任ケアマネージャーといった3専門職員が連携して業務に従事している。業務内容には「高齢者のさまざまな相談や支援を総合的に行う」といった

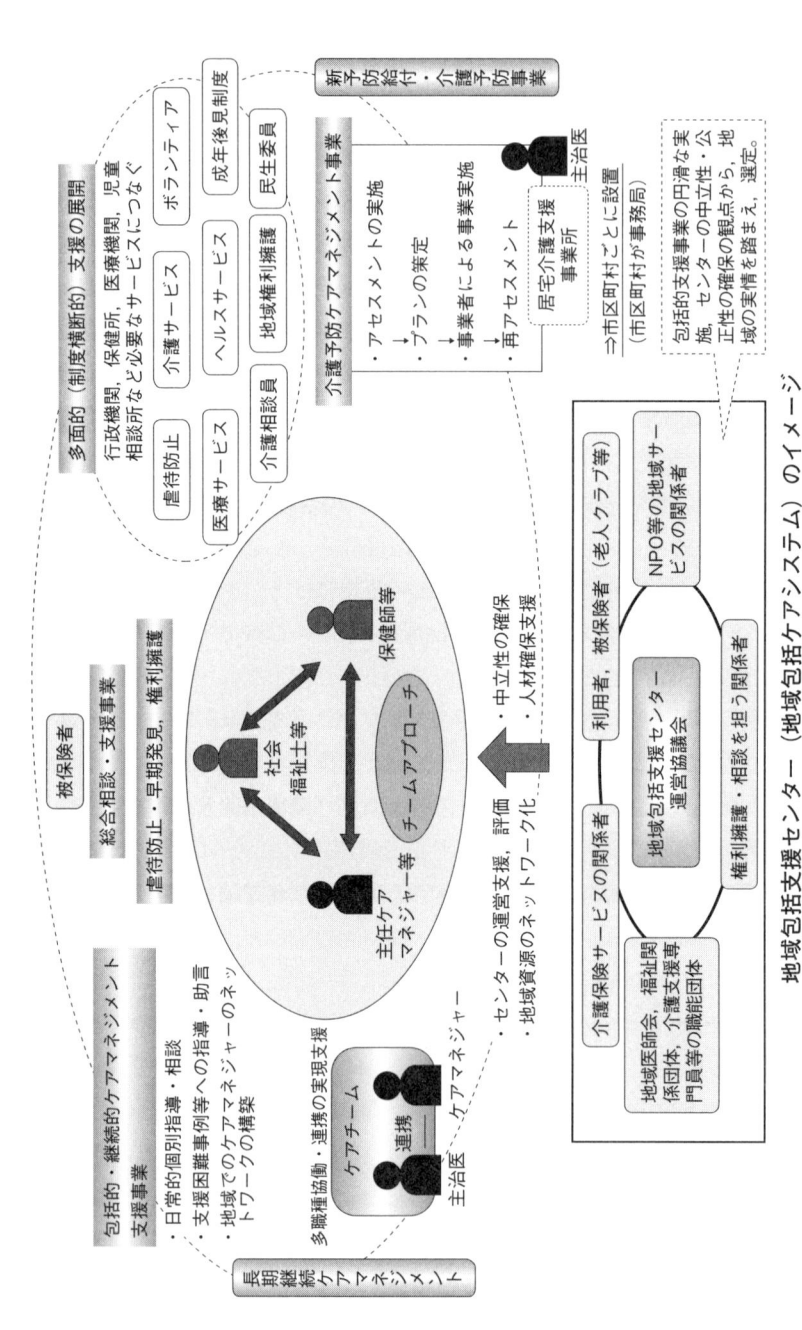

地域包括支援センター（地域包括ケアシステム）のイメージ

出典：厚生労働省ホームページ「平成19年度地域包括支援センターの手引き、地域包括支援センターについて（概要）」より

ことがあり，これに対し介護福祉士は，介護現場で知り得たことの中に対象者自身では解決が難しいような困りごとを抱えている状況が見られたら，身近に地域包括支援センターという機関があり，ここでは公正，中立な立場でさまざまな相談にのってくれるということを紹介するのも良いだろう。対象者が判断が難しいような状況であれば，対象者の担当をしているケアマネージャーに情報を伝えるという方策も考えられる。

また，「要支援1・2の認定を受けた人の介護予防マネジメントを行う」という業務は，介護予防の目的で行われている。団塊の世代が高齢者になる前に，介護予防の体制を整え，これに備えるという考えであるが，介護福祉士もその趣旨を理解し，日常の業務においても介護予防に重きをおいた介護計画を立案し，それに基づいた介護技術の提供を行わなければならない。

また，地域包括支援センターでは「地域ぐるみの継続的なマネジメントを地域の中心となって行う」といった業務も行っているので，対象者に介護業務を行っていく中で，他の専門職との協働において不安や不明瞭な点を感じた時には，担当のケアマネージャーに相談したり，地域包括支援センターに配置されている職員に相談を持ちかけても良い。

最後に地域包括支援センターには「権利擁護・虐待防止の相談と対応を行う」という業務がある。対象者が認知症高齢者であったり，障害などで自分の考えを正しく伝えられない状況下では権利擁護の問題も重要となる。

また，日常生活援助の中で，入浴や排泄介助を通して虐待の事実を知ることもあるだろう。その際は，このような機関が身近にあり，公正，中立な立場で社会福祉士，保健師，主任ケアマネージャーといった3専門職が相談に応じてくれること，また相談内容によっては，次なる専門機関にもつないでくれることを知っておくことが大切である。このように介護福祉士もチームアプローチ（多職種連携）の重要な一員であることを忘れてはならない。

(4) 市町村，都道府県の機能と役割，連携

高齢者や障害者など介護を必要としている人々は，介護サービスだけでなく，保健・医療のサービスも受けている。このように介護の対象となる人々

がかかわるシステムについて，介護福祉士として知っておかなければならないことについてまとめる。

① **保健・医療サービスが提供される場（保健所・市町村保健センター）**

保健サービスが提供される場としては保健所や市町村保健センターがある。

1）保健所

（ⅰ）設置基準

保健所は，地域保健法に基づき設置された，地域住民の健康や衛生を支える公的機関の一つである。

その設置については，地域保健法に基づき都道府県，政令指定都市，特別区に設置が義務付けられており，職員は，医師，歯科医師，薬剤師，獣医師，保健師，助産師，看護師，診療放射線技師，臨床検査技師，衛生検査技師，管理栄養士，栄養士，歯科衛生士，統計技術者，その他保健所の業務を行うために必要な者のうち，当該保健所を設置する法第5条第1項に規定する地方公共団体の長が必要と認めた職員を置くとされている。

また，保健所の所長は地域保健法施行令第4条第1項により，医師であり，以下のいずれかに該当する技術吏員*でなければならないとされている。

・3年以上公衆衛生の実務に従事した経験がある者
・厚生労働省組織令第135条に規定する国立保健医療科学院の行う養成訓練の課程を経た者
・厚生労働大臣が，第2号に掲げる者と同等以上の技術又は経験を有すると認めた者

（ⅱ）業務概要

・対人保健

住民に対するものをいい，保健指導や保健サービスの分野を指す。この中で母子保健や老人保健など一般的なものは市町村保健センターに任せ，保健所はより専門的・広域的な業務に特化するものを受け持つ。ただし，中核市や政令市，特別区などは保健所設置主体と一致するため，保健所がかなり詳細な部分まで行っている例もある。

---

* 技術吏員：公共団体の職員。

・対物保健

　一般に生活衛生と呼ばれ，食品衛生，獣医衛生，環境衛生及び薬事衛生の四分野からなる。食中毒の原因調査，及び食中毒予防のための普及啓発活動や食品に関する苦情相談の受付と調査，動物の管理の相談，野良犬・野良猫などの管理や処分，里親の募集，美容所，理容所，クリーニング所，旅館など宿泊施設全般，興行場（映画館，劇場），公衆浴場の監視指導，河川や井戸，プールなどの水質検査，公害対策（大気汚染，水質汚濁，土壌汚染など）といった業務がある。

(iii) 保健所業務の重要性

　このように保健所業務は，地域保健に関する思想の普及及び向上，人口動態統計その他地域保健統計，栄養の改善及び食品衛生，住宅，水道，下水道，廃棄物の処理や清掃その他環境の衛生に関すること，医療及び薬事に関すること，保健師に関すること，公共医療事業の向上及び増進に関すること，母性及び乳幼児並びに老人の保健に関すること，歯科保健に関すること，精神保健に関すること，治療法が確立できていない難病や特殊疾病により長期に療養を必要とする者の保健に関すること，エイズ，結核，性病，伝染病その他の疾病の予防に関すること，衛生上の試験及び検査に関すること，地域住民の健康の保持及び増進に関すること，環境衛生上の正しい知識の普及や環境衛生上必要な指導や相談という幅広い保健サービスを提供する。

　このように保健所では，住民の健康を守り，快適な生活環境や安心できる保健医療体制を確保するため，疾病の予防，健康増進，食品衛生，環境衛生など多岐にわたる活動を行っている。

　保健所は，市町村や医師会，歯科医師会，薬剤師会などの専門職能団体や社会福祉事務所，社会福祉協議会，社会福祉関連の団体と連携を取りながら業務を行っている。近年では，施設においての腸管出血性大腸菌O157やノロウイルスによる食中毒の集団発生，新型インフルエンザ発生に備えるニュースもたびたび耳にする。また，子供の食育の推進や児童・高齢者虐待対策など，健康危機に対する体制の強化が必要となっている。

　医療に関しては，さらに高度で専門的なサービスが求められている。その

ため保健所は，関係機関と協力し合いながら，これら多くの課題に対応できるよう機能の強化と充実を図っている。

2) 市町村保健センター

(i) 設置基準と業務

保健所に比べ，より住民に身近な保健サービスを行っている。その範囲は乳幼児から高齢者まで幅広く，健康相談や保健指導，健康診査などの事業を提供している。運営は市町村が行っており，保健師，看護師，助産師，栄養士などの専門職種が配置されている。

母子保健	妊婦指導，両親学校・母親学級の実施，乳児健康診査，1歳6ヵ月児健康診査，3歳児健康診査，育児相談，障害児や多胎児のセルフヘルプグループづくりと支援，思春期教室，児童虐待予防ネットワークづくり，子育て支援システムづくり
高齢者保健	特定健康診査，特定保健指導，健康手帳の交付，健康教育，健康相談，家庭訪問，基本健康診査，歯周疾患検診，骨粗鬆症検診，各種がん検診，住民ボランティアの育成，閉じこもり予防事業や認知症予防の啓発事業など介護予防に特化した業務
精神保健	精神障害者・家族の個別支援，地域での生活の場や居場所づくり，家族会の支援，精神障害者の社会復帰支援対策，うつ病や自殺予防など地域住民への啓発
成人保健	特定健康診査，特定保健指導，健康教育，健康相談，個別指導，生活習慣病やがんの予防事業，基本健康診査，歯周疾患検査，各種がん検診
結核予防	健康診査
栄養指導	栄養指導　相談
保健と福祉の統合	在宅介護支援センターなど社会福祉法人と連携して運営し在宅介護に関する相談や連絡調整を行う

市町村保健センターの事業（執筆者作成）

② **医療サービスが提供される場（一般病院，一般診療所，歯科診療所）**

1) 一般病院

一般病院とは，医療施設とその運営，監督について規定した医療法（1948年）によると，「医師又は歯科医師が，公衆又は特定多数人のため医業又は歯科医業をなす場所であって，患者20人以上の収容施設を有するもの」をいい，一般診療所と区別される。また，病院とは「地域住民に治療と予防とを総合的に提供し，その活動は，家族にまで及ぶべきもの」としている。また，病院は，「医療従事者の訓練及び研究の機関でもある」とされている。病院の種

類には，一般病院，特殊病院，専門病院がある。

一般病院のうち，総合病院とは患者100人以上が収容可能で，かつ診療科として内科，外科，産婦人科，眼科，耳鼻咽喉科（じびいんこうか）を含み規定された施設を持つ病院を指す。また，特定機能病院には，精神科病院，結核療養所，ハンセン病療養所などがあり，専門病院には，がん，小児，リハビリテーション，骨・関節などを対象とする病院がある。

2）　一般診療所

一般診療所とは，19人以下の収容施設を有するか，収容できる施設を持たない医療施設を指す。日頃から健康管理において一般診療所にかかりつけ医を持ち，気軽に相談できる体制づくりをしておくことが大切である。より専門的な医療が必要な場合は，一般診療所のかかりつけ医の紹介状を持参し，一般病院や特殊病院，専門病院を受診するという流れになる。

介護保険制度においては，その申請に主治医の意見書が必要であるが，この際の主治医意見書は，日頃から体調を把握しているかかりつけ医に記載してもらうことになる。

3）　歯科診療所

歯科診療所数の推移を，厚生労働省から公表されている「医療施設動態調査」でみると，平成20年9月末における歯科診療所数は全国で68,076施設であり，前年同期比では269施設増加している。歯科診療所の開設は「個人」が減少し「医療法人」が増加しており，人口10万対の歯科診療所数は53.1施設（平成18年は52.7施設，昭和59年は36.5施設）である。歯科診療所の大部分は収容施設を持たない。

4）　救急医療やへき地医療

救急医療は，初期救急医療，2次救急医療，3次救急医療とに分かれている。

初期救急医療では休日夜間救急センター，休日歯科診療所，在宅当番医制があり，外来での対応を主とする。2次救急医療では，循環器疾患や脳血管障害といった入院を必要とする重症患者への対応を主とする。3次救急医療では，より高度な医療が必要とされるものを対象とし，その医療は救命救急センターなどで行われる。

へき地医療におけるへき地とは，中心地から半径4kmの区域内に1000人以上が居住し，容易に医療機関を利用できない状況の地区を指し，その地区では，住民の医療を確保するために市町村が「へき地診療所」を設置している。

へき地医療の支援には「へき地医療情報システム」があり，関連する情報をへき地医療拠点病院，へき地診療所，行政機関や医師会・歯科医師会などと共有するため，インターネットを用いた全国情報ネットワークを構築し，代診医派遣にかかわる需給情報の発信や調整といった情報交換を行い，へき地医療対策を支援している。

(5) まとめ

以上のことから，地域連携において介護福祉士が何をなすべきかを考えてみたい。

まずは，他職種の専門性を知ることが大切である。介護福祉士が活躍することが多いであろう老人保健施設で，身近に働く専門職は医師や看護師，理学療法士などである。こういった職種の専門性や業務内容を知っていたとしても，その他の専門職種の業務内容を知らないかもしれない。

また，身近に働く看護師をとってみても，その専門性や業務内容を正しく理解できていないこともあるだろう。そこでまずは，その専門性や業務内容について正しく知っておくことが必要である。また，それらの専門職はどのような機関に属し，どのような手段によってその力を借りることができるのかといったことも把握しておくと良い。

私たち介護福祉士が対象とする人々は，その人生の質を向上させるために，どのような法律により，どのような制度を利用しているのか，また具体的な介護の目標やそれを達成するための計画は何で，その目標達成のためには，どのようなサービスが必要なのか。まずは行政によるサービスを主として考え，それを持ってしても解決できない問題が浮上してくれば，それに対しインフォーマルなサービスを加えることも必要である。

このように，対象者に関連するであろうさまざまな分野の知識は押さえておくことが重要であり，それを知ってこそ，多職種連携の中での介護福祉士

の位置が明確に見えてくるであろう。

　介護福祉士は，対象者にとって，最も身近な存在である。このことは対象者のニーズをいち早く収集することができると同時に，そのニーズが持つ真意を知ることができるということに他ならない。対象者のQOLを上げるためには，このニーズをキャッチすることがはじめの一歩であり，またこれはとても難しいことでもある。介護福祉士は対象者の最も身近な存在としてニーズを把握できた時には，得られた情報を他職種にも提供し，より高度な保健，医療の連携につなげていきたい。

　しかし，この際に留意しなければならないことは個人情報の保護であり，情報提供時には，その目的を説明するとともに本人が了承することが重要である。

　また，介護福祉士は，身近であるがゆえに業務の途中に相談を持ちかけられたりすることも多い。その際は，対象者の問題を解決するためには，どのような専門職が相応しいか，それはどのような機関に行けば相談にのってもらえるのかといったアドバイスができるくらいになっておくことが必要である。

　このように，介護福祉士は対象者の最も身近な存在であるために相談事が多いであろう。対象者に関連している事柄のすべて（法律や制度，具体的なサービス内容やその状況など）に関心を持ち，それを知識として理解しておくことができたら，地域連携の際にも介護福祉士として，いま自分は何を目指し実践していけば良いのかが広い視点のもとに理解できることであろう。このような介護実践は，専門職である介護福祉士の地位向上につながるものでもある。

（新谷奈苗）

参考文献
(1) 小澤温，秋元美世編集『社会の理解』メヂカルフレンド社，2008年，229-232頁。
(2) 厚生労働省ホームページ「地域包括支援センターの手引き，地域包括支援センターについて（概要）」。
(3) 奥山則子『標準保健師講座1　地域看護学概論』医学書院，2008年，69-73頁。

第 8 章

介護従事者の倫理

　介護従事者は，介護サービスを利用する高齢者，あるいは障害者に対し生活援助を行う。介護は人間対人間の関係性からなるが，どうしても介護を受ける・実施するという受動・能動の関係になり，対等な関係を築きにくい。このような関係性の中で介護従事者には対人援助の専門職としての責任があり，常に相手を尊重した態度が求められる。ここでは，プロフェショナルな専門職という視点から，介護従事者の倫理について述べる。

1　介護の専門職としての倫理

(1)　介護従事者の資格

　介護従事者は「介護福祉士」や「ヘルパー」といった資格を持って介護を行う専門職である。言い換えると，介護は専門職によって提供される対人支援である。これは，家庭内で家族が行う介護と違い「報酬をいただく代わりに，提供した介護に責任を持つ」ということである。

　また，資格を持たない人でも介護職者として報酬と引き替えに介護を提供する場合，職業人として介護に責任を持つ必要がある。介護従事者は職業として介護を提供する以上，資格のあるなしにかかわらず，責任を持ってサービスを提供しなければならない。特に，介護福祉士は国家資格*であり，国の定める基準により免許を取得したことの責務は重い。

---

*　国家資格：国家資格では資格を持つ人しかその業務ができないという業務独占（医師，薬剤師，看護師など）と，同じ業務をする中で資格を持つことを名乗れる名称独占（介護福祉士，社会福祉士，理学・作業療法士など）がある。

介護は免許を持たなくても実施できる業務である。しかし，介護福祉士という名称は免許を持つ者のみが名乗れる名称である。つまり，同じ介護に従事する職業の中でも，免許を持つ者のみが「介護福祉士」と名乗り，介護業務を行うことができる。そして，介護福祉士は国の定める教育を受けてきた介護の専門職として，介護チームの主要メンバーとして専門知識と技術を用いて活躍することが期待される。

(2) 介護の専門職としての責務

専門職には，その専門性を確保するために負わなければならない責任・義務がある。介護従事者はこれらの責務を果たすことで専門職としての倫理を保持する。介護の専門職の責務として以下を挙げる。

① 提供した援助に責任を持つ

介護の専門職は実施した援助，及びその後の対象者の反応に責任を持たなければならない。言い換えると，説明ができない，安全・安楽に実施できない，結果に責任を持てない援助は実施してはならない。責任を持つということは，なぜその援助を行うかの説明を行い，適切な方法を選択し，安全で安楽に実施し，実施した後の結果を評価し，その後の反応まで対応することである。さらに，責任ある行動には，自己の能力を的確に判断できることも必要である。自分のできること，できないことを判断し，できないことを無理に行うのではなく，常に安全・安楽に実施するために最善の方法を考えることである。そして，必要であれば他の介護者や医師，看護師，理学療法士や作業療法士，管理栄養士などの他職種と協働することが大切である。

② 介護に必要な知識・技術の研鑽(けんさん)に努め，自己を高める努力をする

介護の専門職は，その知識や技術を維持し高めていく責任がある。そして，専門的知識や技術だけでなく，広く博識を深め，人として成長することが求められる。わが国は2007年に超高齢社会に突入している。したがって，介護の主な対象者は高齢者である。長い年月培(つちか)った多様な個別性・固有性を持つ高齢者に行う介護も，多様なものになり，幅広く知識を深める必要がある。周知の知識や技術を学び，自己の能力を高めることはもちろん，新しい技術

や用具を創意工夫して開発することも求められる。さらに，介護実践での成功例や失敗例から得た気づきを新たな学びとして理論的に明らかにすることも求められる。また，自己研鑽の成果を公開し，広く意見交換を行い，介護の新しい知識や技術の発展に努める必要がある。

③ 介護職者の育成に参加する

介護の専門職は次代を担う後継者を育成する責任がある。後継者がいることで介護は専門職として成り立つ。育成の場はまず教室から始まる。しかし，介護の現場で実習を通して学ぶことも重要である。現場の介護従事者は，学べる環境を整え，状況に応じて助言・指導に参加することも大切である。そのためにも，先述の新しい知識や技術の研鑽を行い，自己の能力を高める必要がある。

④ 介護職の信用を傷つけない

介護の専門職は介護職としての信用を傷つける行為を行ってはならない。たとえ，一人の介護従事者の信用が傷ついても，それは，一人の問題ではなく，専門職全体の信用を傷つけることになる。介護職一人ひとりが専門職としての自覚を持ち，信用を傷つけないように行動する必要がある。

⑤ 自己の健康を管理する

対象者に安全・安楽で満足できる介護を提供するためには，介護従事者自身が心身ともに健康な状態で介護を行う必要がある。つまり，介護の専門職は自己の身体的健康だけでなく，対人援助で発生するさまざまなストレスによる心の健康も管理することが求められる。

2　介護実践における倫理

介護の実践における介護従事者の倫理のいくつかは法律によって規定されている。

(1) 信用を落とさない（信用失墜行為の禁止）

「信用を傷つけない」という前述で介護の専門職の責務とした事柄は，「社

会福祉士又は介護福祉士は社会福祉士又は介護福祉士の信用を傷つけるような行為をしてはならない」(社会福祉士及び介護福祉士法　第45条:1987年)と、「信用失墜行為の禁止」として法律でも規定されている。

　対人援助では相手に信用されることが援助の成果を左右する。信用を得られない介護行為はその成果を期待できないばかりか、対象者に心の苦痛を与え、不信や不満を呼び起こす。そして、信頼されない援助は介護－対象者間の関係性を悪化させる。そればかりでなく、対象者及びその家族に対して介護の専門職全体の信用を落とす。また、医療・福祉・その他の職種と連携して行われる介護は、この連携の中で信用を落とさないことも重要である。

(2) 個人の情報を守る（守秘義務）

① 介護従事者の守秘義務

　介護従事者は業務内容の性質上、対象者及びその家族の個人情報を知り得る立場にある専門職である。そして、業務で知り得た秘密を守ることが「社会福祉士又は介護福祉士は、正当な理由なく、その業務に関して知り得た人の秘密を漏らしてはならない。社会福祉士又は介護福祉士でなくなった後においても、同様である」(同法46条)と「守秘義務」として規定されている。つまり、介護従事者は知り得た秘密を他人に漏らしてはいけない責務を持つ。

　2002年、個人情報保護法の制定により、介護従事者に限らず、すべての国民が他者の年齢、性別、住所、氏名など個人が特定できる情報を本人の許可なく他者に漏らすことが禁止された。そして、同法の制定により、介護職の守秘義務は個人の秘密だけでなく、すべての情報に対して適応されるようになった。介護従事者は、多くの情報について守秘義務の範囲を判断し、適切に対応する能力がより求められるようになった。

② 情報の適切な管理、取り扱い

　介護従事者には職業上知り得た個人情報を他者に漏らさない守秘義務がある。しかし、他職種とチームで対人援助を行う性質上、情報の共有が必要である。他職種と連携して閲覧する記録類、ケースカンファレンスで事例提示される情報など個人情報を知る機会は多い。これらの情報の利用は介護の質

を高めるために不可欠なものである．したがって，チーム全体で個人情報を漏らさないことを前提に情報の伝達・共有を行う．

　個人情報の適切な収集と活用，管理を以下に示す．

1) 情報の収集

　介護従事者は入浴や更衣(こうい)といった日常生活援助の場において，個人や家庭の状況など，対象者・家族が他人には知られたくない・見せたくない情報を知り得る立場にある．この時，介護従事者には対象者がやむなく情報を提供していることを認識し，知り得た情報を守ることが求められる．また，対象者・その家族に無断で情報を得るのではなく，情報の使用目的と使用方法を説明し了解を得る必要がある．この時，言いたくないことは言わなくても良い，そのことで，今後の介護に不利益にならないことも説明する必要がある．

2) 情報の活用

　介護従事者は職業上知り得た情報を介護の質を高めるために活用する．

　介護は，福祉・医療，ボランティアなどの他職種が連携して行っている．この連携の中で情報が伝達され共有されることで，介護の質は高まる．さらに，自己研鑽として検討会や報告会では事例を共有するために情報が活用される．この時，医療・福祉職はもちろん法律で規定がないボランティア，さらに，介護を学ぶ実習生にも守秘義務がある．

3) 情報の適切な管理

　関連職種が協働して実践する介護の場では，情報も適切に管理される必要がある．情報の取り扱いでは，客観的な情報を正確に伝達することが求められる．そのため，情報伝達の媒介となる記録は知り得た事実を簡潔にまとめ記述する必要がある．記録物の取り扱い，閲覧者の限定，保管方法，保管期間，廃棄方法なども定め，管理する必要がある．情報社会である現在，個人記録は紙媒体から電子媒体に変わりつつある．不正アクセスやネット上への漏洩(ろうえい)，ウイルス感染など新たな個人情報を保護する対策も求められる．

　個人情報の取り扱いの具体的な方法として以下がある．

・個人情報が記された書類等は整理・整頓してファイルする．

・持ち運ぶ時は落ちないようにファイルする．

第8章　介護従事者の倫理

・介護従事中に書きとめたメモも個人が特定される内容がある場合，守秘義務のある個人情報として取り扱う。
・個人情報が記載された書類や保管期限の切れた書類はシュレッダーで破棄する。

(3) 個人の尊厳を守る（人権を擁護（ようご）する）

　介護従事者は介護の対象者を尊重し，その尊厳を守らなければならない。個人を尊重し尊厳を守ることは，「すべて国民は，個人として尊重される」（日本国憲法，第3章国民の権利義務，第13条：個人の尊重と公共の福祉）と規定されているように法律で保障されている。しかし，福祉・医療に限らず，人間対人間の関係性の中で行われる対人援助を業（なりわい）とする職業では，援助する側・受ける側があり，対等の関係を築きにくい。対象者の立場で物事を考えるのではなく，介護従事者の立場で考え行動する傾向も出てくる。このような時，対象者は自己を無視，あるいは否定されたように感じ，自尊心が傷つくことになる。特に，介護は対象者が長年培い，育て，守ってきた固有の生活が中心となり，主体は対象者である。介護従事者にとって些細（ささい）なことでも対象者にとってはその生活を乱し，プライドを傷つけることを忘れてはならない。

　介護従事者は常に相手の立場に立ち，相手を尊重して対応することが求められる。介護の対象者を尊重する対応とは，介護従事者だけが「相手を尊重している」という思いで対応するのではなく，介護の対象者である高齢者や障害者が「自分は大切に扱われている」「尊重されている」と感じられる対応である。加齢とともに老い，さまざまな喪失を体験している高齢者にとって「私は尊重されている」と感じられることは「うれしい」という喜びとなり，このように感じることが介護者への信頼につながる。

　個人の尊厳が脅（おびや）かされる介護従事者の行為として注意することに身体拘束（こうそく）と虐待が挙げられる。身体拘束は平成12年介護保険法制定により施設における身体拘束は原則禁止され，人権を侵害するような身体拘束は行われなくなった。しかし，転倒・骨折を予防する安全対策として身体拘束に当たる行為がやむを得ず実施されることもある。介護従事者の「ちょっと待って」と

いう言葉も対象者にとって心理的身体拘束にあたる場合もある。安全対策であるか人権侵害になるかは、安全確保と人権擁護の狭間（はざま）で揺れる介護従事者の持つ倫理観にかかってくると考える。

　また、虐待は介護する人の心の健康から引き起こされることもある。介護従事者自身が心身を健康に保つことが求められる。しかし、介護従事者も個別で固有な人であり、自分の心にゆとりがないと相手を思いやることは難しい。自分の心にゆとりを持つことで他者を思いやり＊、尊重する気持ちと行動を生み出すことができる。自己の心理的問題を自分一人で抱え込むのではなく、他者に相談するなど解決に向けて行動することも倫理的対応といえる。

(4) 介護従事者の倫理的実践

以下に、介護従事者の倫理的態度と心構えを述べる。

① 信頼関係を築く努力をする

　いままで、信用をなくさないことの重要性を述べてきた。しかし、そのためには信頼されることが大切である。信頼されるためには、何事にも誠実に対応する姿勢、真剣に取り組む姿勢、対象者の話をその人の立場に立って聞く姿勢、対象者の立場に立って問題に対処する姿勢、自分に正直に対応する姿勢などが必要である。さらに、挨拶（あいさつ）をする、約束を守る、偽（いつわ）らないなど人としての基本的なことが重要である。また、守れない約束を安易（あんい）にしない、自分のできることとできないことをはっきり見極（みきわ）め、正直に伝える、といった判断や実行も必要である。信頼されるには、対象者の価値観を尊重した介護従事者の態度が重要である。対象者のほとんどは高齢者である。年齢が10歳違えば価値観も変わるように、対象者との年齢差が70〜80歳になることもある介護従事者は、世代間に差異があることを理解し、対象者の世代を尊重したかかわりが必要である。態度や言葉遣い、服装、化粧やアクセサリー

＊　「恕」（じょ）という文字がある。広辞苑では「思いやり」と記されているが、「自分がされて嫌だったことを、同じように他人に行わない」という意味がある。対人援助では、常にこの「恕」の精神を基盤に、相手と立場の変換を行い「私だったら同じようなことを体験した場合、どのように感じるだろうか」「私ならどのようにしてほしいか」を考えながら行動してはどうだろうか。

第8章　介護従事者の倫理

など，時代の特徴により価値観の違いはあるが，対象者の立場に立って物事を考え行動することが信頼につながる。

② **対象者の安全を守る**

対象者にとっては介護を受けることが危険なこともある。介護従事者は危険を予測して回避し安全を守る必要がある。予測される危険には，転倒・転落といった事故，感染性胃腸炎やインフルエンザ，疥癬（かいせん）や白癬（はくせん）といった感染，施設などの集団生活における他の対象者からの力や言葉の暴力などがある。また，あってはならないが介護者同士の連携不足や不注意による人為的事故なども考えられる。介護従事者はこれらの危険を予測し安全を守ることが求められる。安全を守るために知識や技術の研鑽を行う。また，他職種と情報の共有や連携を行い，自己を心身ともに健全な状態に管理する必要がある。

③ **利益を守る**

介護従事者は対象者の利益を守る必要がある。特に，高齢者・障害者は身体・心理・社会的に不利益を被（こうむ）りやすい。そして，最も近くにいて状況が良くわかる介護従事者は対象者が不利益を受けていることに気づく立場にある。したがって，介護従事者は代弁者として対象者を守る必要がある。

④ **公平性を守る**

介護従事者は介護の対象者すべてを公平に扱う必要がある。グループで介護を行う場合，話しやすい人，返事が返ってくる人ばかりに注目するのではなく，そこにいるすべての対象者に平等に注目することが大切である。

（吉村雅世）

参考文献
(1) 福祉士養成講座編集委員会編　中島紀恵子「職業的介護従事者の職業倫理」『介護福祉士養成講座12　介護概論』第2版,中央法規出版,1999年,32-36頁。
(2) 一番ヶ瀬康子他編「介護の特徴と介護倫理」『改訂新・セミナー介護福祉,介護概論』ミネルヴァ書房，2005年，22-27頁。
(3) 福祉士養成講座編集委員会編　中島紀恵子「介護実践の倫理」『新版社会福祉士養成講座14　介護概論』第3版，中央法規出版，2006年，41-50頁。
(4) 守本とも子・星野政明著「介護の倫理」『介護概論』黎明書房,2006年,40-44頁。

第9章
介護における安全の確保とリスクマネジメント

　介護サービスの実践過程において，対象者の安全を守ることは最も重要である。介護の対象は疾患や障害を抱えていることが多いため，必然的にさまざまな危険な状況に遭遇する可能性が高い。近年，セーフティマネジメント（安全管理）やリスクマネジメントが医療・介護の分野で広く用いられるようになってきた。本章では，日常の介護場面で，特に発生しやすい危険な事態についての原因と対処方法について学ぶ。また，特に虚弱（きょじゃく）高齢者に問題となる「感染」についての基礎知識と「感染予防」のための技術について学ぶ。

1　介護における安全の確保

(1)　観察

　観察とは，物事の状態や変化を客観的に注意深く見ることとされているが，観察を的確にすることは，対象者の安全を確保するためにはなくてはならない。対象者の状況や周囲の環境を的確に捉（とら）えられる観察力によって，異常の早期発見につながるからである。介護の対象となる人は身体あるいは精神に障害を持っていたり，慢性疾患を抱えていたりすることが多い。そのため，健康上の問題が既にあったり，出現する可能性が高かったりするにもかかわらず，言語障害や認知症などで十分に自分の状態を訴えることができなかったり，症状自体に気づいていないことも考えられる。

　そのような状況において，介護者が，いつもと何かが違うと感じ取り，医療へ連携していくことで，早急な対応を行うことができる。異常の発生の予

防や早期治療により，対象者の健康がより良く保持できるのではないかと考えられる。また，対象者の状況に合わせ，具体的に何を観察する必要があるのかを理解しておくことは言うまでもない。

(2) 適切な技術

介護者として，サービスの対象者に対して不利益を被らせることはあってはならない。そのために，提供する技術に関しても質の保証がされていることが当然である。日常生活の介助として必要な移動，食事，排泄，更衣，清潔，体位変換などを正確に身につけること，また，技術の進歩とともに学習し最善の技術を提供しようとする姿勢も必要であろう。

(3) 予測，分析

介護において起こりうるすべての事故の予防・再発防止対策，さらに発生時の適切な対応などの安全体制を確立することは，適切で安全な質の高い介護サービスを提供するための前提条件となる。

福祉施設の介護における事故の中で多いのが，転落，転倒事故，誤嚥による窒息などであり，これらの事故は，介護中ではなく自力での移動や摂食中に起きることが多いとされている。このことから，介護者には，直接的な介護に対する技術だけでなく，介護場面において，常に対象者の全体状態を把握し，変化に気づける観察力と未然の予測，分析力が求められる。事故を防げなかった時には，法的に「高度の注意義務」・「安全配慮義務」で責任が問われることになる〈文献(1)〉。

介護の実践場面では，どうしても対象者の言動に影響される傾向があるが，瞬時に知識に裏づけられた判断のもとに行動できなければ，対象者の安全を守ることはできない。つまり，転倒事故や誤嚥などの可能性を常に予測して介護，介助にあたることが必要不可欠である。

(4) 介護における安全確保とリスクマネジメント

介護，介助においては，「何が起こるかわからない」という不確かさを前提

とし，不確かなところから事故を予防するための綿密な計画が必要である。
　いままでの事例（体験，分析結果など）から，対象者の不利益な出来事の発生の可能性を予測し，予測に基づいた事故発生の回避の計画，すなわち，リスクマネジメントが重要となる。さらに，予測していたが回避が図れず，事故発生に至った場合の損害についても，できるだけ最小となるような計画もリスクマネジメントの重要なポイントとなる。
　発生した出来事については，データを収集し，将来の不利益な事故について予測することが重要で，こうした一連の循環する活動がリスクマネジメントである。

① 不利益の可能性（リスク）を予測・評価
　　　　　↓
② ①の予測に基づき，そのリスクの回避を図る（個別介護計画の作成と実施）
　　　　　↓
③ それでも発生したリスクを最小化する
　　　　　↓
④ 同時に二次的な不利益の発生を防止
　　　　　↓
⑤ 不利益のデータを収集・分析してパターンを把握し，①にいかす
　　　　　↓
⑥ ①へと循環する

2　事故防止，安全対策

(1)　セーフティマネジメント

　介護サービスにおいても，事故防止・安全対策が導入されてきている。セーフティマネジメントとは，一般に安全管理とも呼ばれている。
　もともと他分野で用いられていたリスクマネジメントという用語は，医療

第9章 介護における安全の確保とリスクマネジメント

分野では比較的最近になって用いられるようになってきているものである。これは，医療事故への関心や医療を受ける側の権利の保障に注目が集まっていることによるだろう。しかし，その意味は医療事故を起こさず対象者に安全を提供しようとする意味であり，本来のリスクによる損失を最小限とすることを目的としていた意味とは少し異なる。

　2002年4月に医療安全対策検討会議による医療安全推進総合対策においては，リスクマネジメントと医療安全管理を同義として用いており，以後リスクマネジメントとともに安全管理（セーフティマネジメント）が医療分野でも広く用いられている。

　また，社会福祉法第3条においては，「福祉サービスは，個人の尊厳の保持を旨とし，その内容は，福祉サービスの対象者が心身ともに健やかに育成され，又はその有する能力に応じ自立した日常生活を営むことができるように支援するものとして，良質かつ適切なものでなくてはならない」という基本理念が規定されている。そのことからも，事故を起こさないことを目的とするあまり，極端に管理的になってしまい，サービスの提供が，事業者が事故を起こさないためのものとなり，人間としての成長発達の機会や尊厳を奪ってしまうものであるならば，理念とは反することになる。

　その事象が人間としての尊厳や，安全・安心を脅かしてはいないか，提供するサービスの質に悪い影響を与えるものでないかを判断し，そのようなものであれば，改善していく必要があるであろう。

(2) 緊急連絡システム

　高齢者人口が増加しており，2007年度現在65歳以上の者のいる世帯は1926万3千世帯（全世帯の40.1％）となっている（表9-1）。その中でも在宅で高齢者のみの世帯が増えており，今後さらに増加していくと考えられる。

　「緊急連絡システム」は在宅で安心して生活できることを目的に高齢者宅に緊急通報機が設置され，急病事故などの緊急時に迅速かつ適切な対応，救急活動が開始されるというシステムである。一人暮らしの高齢者にとっては大変心強いものとなっている。

表9-1　世帯構造別にみた65歳以上の者のいる世帯数及び構成割合の年次推移

出典：平成19年国民生活基礎調査；厚生労働省大臣官房統計情報部社会統計課国民生活基礎調査室（注：1995年の数値は，兵庫県を除いたものである。）

＊単位・千世帯

年次	65歳以上の者のいる世帯＊	全世帯に占める割合（％）
1986	9769	26.0
1989	10774	27.3
1992	11884	28.8
1995	12695	31.1
1998	14822	33.3
2001	16367	35.8
2004	17864	38.6
2005	18532	39.4
2006	18285	38.5
2007	19263	40.1

年次	単独世帯	夫婦のみの世帯	親と未婚の子のみの世帯	三世代世帯	その他の世帯
昭和61年	13.1	18.2	11.1	44.8	12.7
平成元年	14.8	20.9	11.7	40.7	11.9
4	15.7	22.8	12.1	36.6	12.8
7	17.3	24.2	12.9	33.3	12.2
10	18.4	26.7	13.7	29.7	11.6
13	19.4	27.8	15.7	25.5	11.6
16	20.9	29.4	16.4	21.9	11.4
19	22.5	29.8	17.7	18.3	11.7

注：平成7年の数値は，兵庫県を除いたものである。

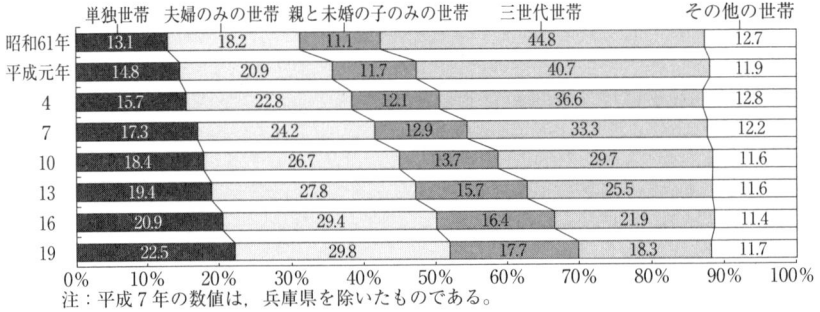

図9-1　世帯構造別にみた65歳以上の者のいる世帯数の構成割合の年次推移

出典：平成19年国民生活基礎調査；厚生労働省大臣官房統計情報部社会統計課国民生活基礎調査室

(3) 転倒・転落防止，骨折予防

　介護の対象は高齢者が多く，身体機能の低下（筋力低下によるバランス保持能力の低下，運動能力の低下，視力・聴力などの低下による周囲の環境に対する注意力の低下）がみられることより，転倒・転落を起こしやすい。そして，老化によりもろくなった骨に外力が加わることにより容易に骨折してしまう。また，骨折することにより，介護度が上がってしまうことも多く，対象者の生活をより自立から遠ざけることにもなりかねない。

　このような高齢者の特性をふまえると，これらの事故防止に努めることは

第9章　介護における安全の確保とリスクマネジメント

介護を行う者として必須であるといえる。転倒は，ベッドから車椅子やポータブルトイレへの移乗(いじょう)時や歩行時，入浴や排泄行動の際などにみられることが多いため，それぞれの状況における注意点を挙げることとする。

① **移乗時**

1)　ベッドから車椅子への移乗

原因として，車椅子のブレーキが不十分であることにより，車椅子を支えに立ち上がろうとした対象者がバランスを崩したり，車椅子のハンドグリップに対象者の衣服が引っ掛かり，転倒するというような事例がみられる。移乗の介助についた介護者が足を滑(すべ)らせるというようなこともある。このような例では，介護者が車椅子の操作を正確に行うこと，移乗時の動線を把握したうえで行うこと，衣服などの引っ掛かりがないかどうかを事前に判断し，必要な場合には2人で介助するということも必要である。

2)　ベッドからポータブルトイレへの移乗

トイレへの移乗の際には，介護者への遠慮から介護者を呼ばずに自力で移乗しようとしてバランスを崩すことがある。また，排泄は生理的な欲求であり，知覚してから排泄に至るまでに時間が十分になかったり，その行為の自立が障害などによって妨げられているということで対象者の羞恥心(しゅうちしん)が出現することも，介護者を呼ばないことに関連しているであろう。

② **移動時**

1)　歩行による移動

段差や障害物につまずいたり，廊下の水滴などにより滑ってしまう，足がもつれてしまうというようなことが考えられる。環境整備を適切に行う必要がある。

2)　車椅子による移動

段差や地面の凹凸やスロープの傾斜により，車椅子自体が転倒してしまうことが考えられる。また，自力で座位(ざい)保持が困難な場合には，車椅子よりずり落ちるということも考えられ，ベルトなどでの固定が必要な場合もある。

いずれの場合も対象者の状況を的確に把握し，リスクを考えたうえで介助していく必要がある。

③　入浴時

対象者の自立度の把握不足とそれに付随した見守りや介助の不足，手すりや床の滑りやすさ，移動距離が長くなってしまうなど環境的な要因も考えられる。

④　ベッドや車椅子上での安静時

たとえ，移動が伴わない場合であっても，介護者が対象者から離れる際にベッド柵や車椅子の固定ベルトが適切にされていなかった場合や，介護者がその場にいても一瞬目を離した場合に転落することも考えられる。常に安全確認は行っておく必要がある。

(4)　防火，防災対策

一人暮らしや要介護の高齢者や身体・精神に障害を持つ対象者は，災害発生時において，安全を確保するための対処能力が十分でないことが考えられる。そのため，対象者の置かれている環境の防災体制を徹底すること，対象者自身の火災予防能力，対処能力を向上させていくことが必要となる。

(5)　対象者の生活の安全（鍵の締め忘れ，消費者被害，その他）

高齢者を狙った訪問販売などの被害や苦情は多く，契約当事者が70歳以上の相談件数は，全国の消費生活センターによると，図9-2に示されるとおりである。2004年度に10万件を超えてから，2005年度をピークに少し減少傾向にあったが，2008年度には再び増加し，約11万件（相談全体の12％）となった。介護が必要な高齢者においては，在宅においてより自立した生活を行ううえで自宅のリフォーム工事を行うことがある。その際の業者に法外な料金を請求されたり，必要のない工事まで手配さ

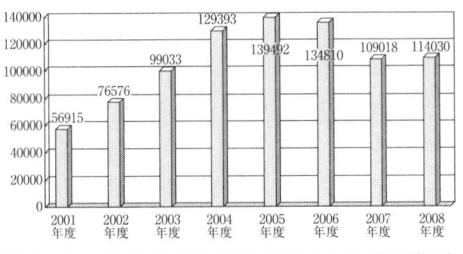

図9-2　契約当事者が70歳以上の年度別相談件数

出典：国民生活センターホームページ

れてしまっているという苦情もあると報告されている。

また，それに加え，認知症高齢者の場合や知的障害・精神障害を伴う場合の被害も多く，そういった場合には家族以外にホームヘルパーやケアマネージャー，訪問看護師，デイサービス事業者，民生委員，役所の職員などによって気づかれることもある。対象者の消費者被害に遭いやすい背景を理解したうえで，予防に努める必要性がある。

3　感染対策

(1)　感染予防の意義と介護

感染とは，新たな病原微生物（細菌やウイルス）が人体に侵入し増殖した状態であり，感染した状態から発熱や疼痛などの症状を引き起こした状態（病気）が感染症である。病気を起こそうとする病原微生物の力が，人体の抵抗力より強くなった場合に感染が成立することになる。介護の対象である高齢者や疾患のある人は，抵抗力が低下しているため感染しやすく，高齢者介護施設や病院では集団感染の危険が高くなる。

病院や施設で生活する高齢者や疾患のある人は，自らが人混みや感染源のある場所へ出かけて感染の機会を得ることは多くない。つまり，高齢者や疾患のある人の「生活の場」に出入りし，高齢者や疾患のある人の生活を支えている介護者などが最大の感染要因になる。疾病治療のための入院であり，安心できる暮らしを求めての施設入所であるにもかかわらず，新たな感染症の罹患は，対象者の苦しみを増すだけでなく，対象者とその家族の精神的・経済的負担も増大することになる。

このため，介護にあたっては，疾患のある人・高齢者の特性ならびに施設における感染症の特徴を理解し，感染を未然に防ぐ取り組みが必要である。

(2)　感染予防の基礎知識と技術

① 感染症の成立

感染症は，感染性微生物の**感染源**，病原微生物を受け入れやすい**感受性宿主**，微生物の**伝播様式（感染経路）**，の3者がそろって初めて成立する。

| ・排泄物（嘔吐物・便・尿など） |
| ・血液・体液・分泌物（喀痰・膿など） |
| ・使用した器具・器材（刺入・挿入したもの） |

表9-2　感染症の原因となる病原微生物を含むもの

1）感染性微生物の源（感染源）

感染性微生物は，血液や体液，分泌物，排泄物などに存在し（表9-2），微生物の種類によって，感染の危険性には特徴がある。

(i) 高齢者や疾患のある人だけでなく介護者にも感染の危険性が高い感染性微生物（集団感染を起こす可能性が高い感染症）

　　例）インフルエンザ，結核，ノロウイルス感染症，腸管出血性大腸菌感染症，（ノルウェー）疥癬，肺炎球菌感染症，レジオネラ症など

(ii) 健康な人の感染は少ないが，感染に対する抵抗性の減弱した人に感染しやすい感染性微生物（介護施設では集団感染の可能性がある感染症）

　　例）MRSA*感染症，緑膿菌感染症など

(iii) 血液，体液を介して感染しやすい感染性微生物（集団感染に発展する可能性が少ないが個人の生命を脅かす感染症）

　　例）B型肝炎，C型肝炎，エイズなど

2）感受性宿主

感染性微生物に曝露（さらされること）しても症状のない人もいれば，重症化し死に至る人もあり，曝露してからの結末には幅がある。曝露した時点での感染性微生物に対する免疫状態，皮膚など局所防御システムの障害状態，正常細菌叢を変化させる薬の服用などの宿主の状態因子に関連している。

・感染性微生物に対する免疫状態：高齢者や基礎疾患（糖尿病など）のある場合は低下する。

・皮膚など，局所防御システムの障害状態：尿道カテーテル，気管内チューブ，中心静脈カテーテルなどの留置器具の挿入によって，局所防御機能を越えて直接体内に病原体が侵入する。

・正常細菌叢を変化させる薬の服用など：抗菌剤，抗がん剤，免疫抑制剤の

* MRSA：メチシリン耐性黄色ブドウ球菌

服用によって感染の感受性を高める。

3) 微生物の伝播様式（感染経路）

感染性微生物には細菌，ウイルス，真菌(しんきん)，寄生虫などがあるが，伝播様式は微生物の種類によって異なり，病原菌伝播経路を次の5つに分類している。
・空気感染：微細な飛沫核(ひまつかく)（粒径5μm〔マイクロメートル〕以下）粒子に付着し長時間空気中に浮遊し，空気の流れによって拡散する。
・飛沫感染：宿主の鼻腔(びくう)粘膜，口腔(こうくう)粘膜に沈着した病原菌が呼吸器飛沫として短い距離（1m以内）を飛び伝播する。
・接触感染：直接または間接的に感染者の汚染物に接触して伝播する。
・一般媒介物：汚染された食べ物，水，血液，器具などを媒介にした伝播。
・昆虫：蚊・ハエ・ネズミなどの害虫による伝播。

② **感染の予防**

感染予防対策のポイントは，「**感染源を持ち込まない**」「**感受性宿主の抵抗力の向上**」「**感染源を広げない**」の3つである。

1) 感染源の排除

病原微生物を皮膚などに付着させないために，次の感染症の原因となる病原微生物を含むもの(p.134 表9-2)は素手(すで)で触らず，必ず手袋を着用する。

2) 感受性宿主の抵抗力の向上

日常から感染に対しての抵抗力をつけておくことが重要であり，老人保健法によって定められた高齢者の健康維持のための健康診断や，健康増進のための保健活動に取り組み，さらに，予防接種法に基づくインフルエンザなどの予防接種などを行い，インフルエンザウイルスに対する抗体を高める。

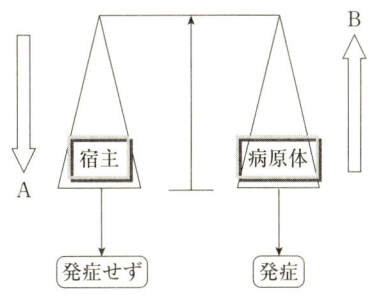

図9-3 宿主と病原体の力関係

宿主と病原体の力関係が，抵抗力＞感染体となるよう，下記のような取り組みが必要である。

（i） 宿主の抵抗力を増やす（図9-3のA）

栄養状態・全身状態の改善，ワクチン接種，宿主抵抗力を減弱させる原因（ステロイド，糖尿病など易感染状態(いかんせん)を来たす基礎疾患）のコントロールなど。

(ii) 病原体の感染力を減少させる（図9-3のB）

カテーテル類（尿道，気管内，中心静脈など）の挿入部の消毒，清潔な取り扱い，感染局所の消毒など。

3) 感染経路の遮断

感染経路の遮断の原則は感染源を持ち込まないこと，拡げないこと，持ち出さないことであり，手洗い・うがいの励行(れいこう)，環境の清掃，感染源を含む汚染物の取り扱いの注意などの徹底が必要となる（表9-3）。

感染経路の種類	空気感染（飛沫核感染）	飛沫感染	接触感染	
			直接接触	間接接触
感染媒体の特徴	咳，くしゃみなどで，飛沫核（粒径5μm以下）の粒子に付着し長時間空気中に浮遊し，空気の流れによって拡散する。	咳，くしゃみ，会話など飛沫粒子（5μm以上）によって短い距離（1m以内）を飛び，宿主の結膜，鼻腔粘膜，口腔粘膜に沈着して感染する	手指や体など皮膚同士の直接接触によって感染する	汚染された食品・器具やリネンなどを介して伝播感染する
主な病原微生物	結核菌，麻疹ウイルス，水痘ウイルスなど	インフルエンザウイルス，アデノウイルス，ジフテリア，流行性耳下腺炎，風疹，百日咳，マイコプラズマ肺炎，溶連菌性咽頭炎など	ノロウイルス，ロタウイルス，MRSA，腸管出血性大腸菌O-157，赤痢，緑膿菌，A型肝炎ウイルス，単純ヘルペス，ダニ（疥癬）など	
主な対策	・空調設備のある個室に隔離 ・医療者はN95のマスクの着用 （写真）	・標準予防策の実施・防御具（サージカルマスク，手袋，プラスチックエプロンなど）を着用	・標準予防策の実施 ・聴診器，血圧計，体温計などの専用化 ・防御具（サージカルマスク，手袋，プラスチックエプロンなど）を着用	

表9-3　感染経路と感染予防対策（執筆者作成）

(3) 感染管理

感染症は，何らかの集団生活を行う実社会では完全には避けられないものであることを前提とした感染予防対策，また，感染症発生時の二次感染の防止策が重要である。

第9章　介護における安全の確保とリスクマネジメント

① 感染予防策

　感染を防ぐためには，医療従事者が予防策に対する共通の認識を持ち，正しく予防行動をとれなければならない。現在は，米国疾病予防管理センター（CDC)＊ガイドラインに基づき，感染予防策の取り組みが行われている。

　1）　標準予防策（スタンダードプリコーション；Standard Precautions）

　すべての患者に対して標準的に行う疾患非特異的な感染予防対策。すべての患者の①血液，②汗を除くすべての体液，分泌物，排泄物，③粘膜，④損傷した皮膚を感染の可能性がある対象として対応する。

【標準予防策の効果】

・介護者の手を介した，患者間の交差感染を予防する
・患者が保菌しているかもしれない未同定の病原体から介護者を保護する
・針刺し事故または血液・体液への曝露事故のリスクを減らす

　2）　感染経路別予防策（CDCガイドラインによる）

　感染力が強く，標準予防策では不十分な感染症に対し，感染経路の遮断を目的とする標準予防策に追加される予防策（p.139参照）。病原菌伝播経路を4つに分類し，患者または患者環境に直接もしくは間接的に接触することによって拡散する感染性微生物の伝播を防ぐ予防策（表9-3参照）。

② 健康管理

　1）　患者・入所者

　高齢者や疾患のある人は感染症に対する抵抗力が弱いため，早期の発見と対応が重要となる。日常から高齢者や病人，障害者など介護対象者の健康状態を観察・把握し，感染症の早期発見に努めることが重要である。次のような感染症の症状に留意し，症状が出た場合には，速やかな対応が必要となる。

　留意すべき症状は，吐き気・嘔吐，下痢，発熱，咳，咽頭痛・鼻水，発疹（皮膚の異常）などである。定期的な健康診断や予防接種の有効性について

＊　米国疾病予防管理センター（Centers for Disease Control and Prevention；CDC）：USA，福祉省所管の感染対策の総合研究所である。非常に多くの文献やデータの収集結果を元に勧告文書の作成や発表を行っているため，世界共通ルール（グローバルスタンダード）とみなされるほどの影響力を持ち，日本やイギリスなどでも勧告文書が活用されている。

は先述のとおりである。

2) 介護者・医療従事者

患者，入所者に密接に接する機会が多く，病原体の媒介者となる可能性が高いことから日常からの健康管理が重要となる。定期健診や予防接種の機会の活用を推進する。

③ **チームワーク**

患者だけでなく，医療従事者も感染を受けるリスク，さらに感染源となるリスクがある。感染は相互の（関係）作用によって生じるため，施設の機能と現状に合わせて，正しい知識とチームワークで感染対策を工夫し具体化していくことが必要となる。

(4) 衛生管理

平常時から施設内の環境整備に努め，関係者の連絡網の整備，教育・研修による職員一同の役割認識と対応能力の向上への取り組みを充実させていくことが重要である。

① 施設内の環境整備

日常より整理整頓を心がけ，施設内の環境の清潔保持に努める。分泌物，排泄物などの付着しやすいトイレや洗面所，浴室浴槽などの清掃を心がけること，消毒薬の設置，汚物処理室の整備は重要である。

② 標準的な予防策

日常の介護場面での感染対策の基本は，1ケア1手洗いの徹底である。

（西園貞子・西元康世）

参考文献
(1) 横田一『介護が裁かれるとき』岩波書店，2007年，18-21頁。
(2) ICHG研究会編『在宅ケア感染予防対策マニュアル』改訂版，日本プランニングセンター出版，2005年。
(3) 厚生労働省「高齢者介護施設における感染対策マニュアル」。

第10章

介護従事者の安全

前章では、介護の対象となる人へのリスクマネジメントとしての感染と、その予防策を学んだ。本章では、介護従事者の安全に焦点をあてた感染問題として、主に介護施設で発症しやすい感染症の症状や予防策を取り上げる。さらに、介護従事者に最も多い職業病ともいわれる腰痛と介護従事者の離職の原因となりやすい心理的ストレスの予防策についても学ぶ。

1 介護と感染症

(1) 3つの主要な感染経路と標準予防策

CDC（Centers for Disease Control and Prevention；米国疾病予防管理センター）は、空気、飛沫、接触の感染経路を最も重要なものとしている。空気感染と飛沫感染はともに感染源に接触しなくても感染する可能性があるが、飛沫は咳、くしゃみ、あるいはしゃべっている時に口からまき散らされる粒子（直径 $5\mu m$ 〔マイクロメートル〕以上）であり、1mほどしか飛ばない。これに対し、空気感染は飛沫核（直径 $5\mu m$ 以下）を介して伝播する。飛沫核は空気中に浮遊するので、これに菌やウイルスが付着しているとされる。

介護者は、これらの感染経路により、対象者が保有する細菌やウイルスなどの病原体からの感染を防ぐ必要があると同時に、保菌者となり、他の対象者へ感染することを防ぐ必要がある。医療機関においてはすべての患者に対して標準的に行う感染予防対策を標準予防策（Standard Precautions）として定められている。標準予防策では、すべての患者の血液、汗を除くすべての体液や分泌物、及び排泄物、粘膜、損傷した皮膚を感染の可能性がある対象

として対応する。介護現場では，排泄物や咳やくしゃみなどによる飛沫物，創傷のある患者の皮膚への接触などに注意が必要である。感染経路別の予防対策を表に示す。

```
空気感染
  該当疾患：結核など
  予防対策：・入院による治療が必要
           ・病院に移送するまでの間は，原則として個室管理とする
           ・ケア時は，高性能マスク（N95など）を着用する
           ・免疫のない職員は，患者との接触をさける
飛沫感染
  該当疾患：インフルエンザ，流行性耳下腺炎（おたふくかぜ），風疹など
  予防対策：・原則として個室管理だが，同病者の集団隔離とする場合もある
           ・隔離管理ができない時は，ベッドの間隔を2m以上あけることが必要
           ・居室に特殊な空調は必要なく，ドアは開けたままで構わない
           ・職員はうがいを励行する
接触感染
  該当疾患：ノロウイルス，腸管出血性大腸菌，MRSA，緑膿菌，疥癬など
  予防対策：・原則として個室管理だが，同病者の集団隔離とする場合もある
           ・居室に特殊な空調は必要なく，ドアは開けたままで構わない
           ・ケア時は，手袋を着用する。便や創部排膿に触れたら手袋を交換する
           ・手洗いを励行し，適宜手指消毒を行う
           ・可能な限り個人専用の医療器具を使用する
           ・汚染物との接触が予想される時は，ガウンを着用する。ガウンを脱いだあとは衣
            服が環境表面や物品に触れないように注意する
```

表10-1　感染経路別感染対策

出典：厚生労働省「高齢者介護施設における感染対策マニュアル」2005年，27-28頁

(2) 標準予防策の基本的な手技

標準予防策を実践することで，1）医療従事者の手を介した患者間の感染を予防することができる，2）患者が保菌しているかもしれない病原体から医療従事者を守るなどの効果がある。

標準予防策の具体的な手技として，①手洗い，②個人防御器具の使用（手袋，マスク，ゴーグル，フェイスシールドなど），③汚染した患者ケア用品の取り扱い，④掃除などの環境管理，⑤リネンや洗濯物の取り扱いなどがある。この中で，手洗いや手袋の使用は日常頻繁に行う手技なので具体的な注意点を表にまとめた。

第10章　介護従事者の安全

手指衛生
- 手袋使用の有無にかかわらず、患者に直接接触する前には手指消毒をする
- 手が目に見えて汚染しているとき、あるいは蛋白質性生体物質で汚染しているか、血液やその他の体液で汚染しているときは、石鹸あるいは手指洗浄消毒薬と流水で手洗いをする
- 目に見える汚れがない場合は、アルコールを主成分とする擦式手指消毒薬を用いて手指消毒をする
- 血液、体液あるいは分泌物、粘膜、傷のある皮膚や創傷被覆材に接触した後はたとえ目に見えて汚染がなくとも、流水で手洗いをする
- 傷のない皮膚に触れた後は手指消毒をする
- 手袋を外した後は手指消毒をする
- 同じ患者であっても業務や処置の合間には異なる局所部位への交差感染を防ぐために直ちに手指消毒をする
- 芽胞菌（*C. difficile* など）に接触した疑いがある場合はアルコールを主成分とする擦式手指消毒製剤ではなく、石鹸と流水による手洗いあるいは手指洗浄消毒製剤と流水で手指を洗浄消毒する
- 手洗いの遵守率の向上には恒常的な教育・研修や、様々な介入（手洗いに関するキャンペーンの実施、手洗い状況のモニター）を組み合わせて繰り返し行なう
- 手洗いによる刺激性接触皮膚炎の発症を抑えるためハンドローションやクリームで手の皮膚をケアする

手袋
- 血液、体液あるいは分泌物、粘膜、傷のある皮膚に接触する可能性がある時、あるいは血液、体液で汚染された物品（医療器材）に接触する時は手袋を着用する
- 手袋を外す動作で手指が汚染される可能性があるため、手袋を外した後は、手指消毒をする
- 粘膜や創傷皮膚（無菌組織を含まない）への接触の際には、清潔な（未滅菌で良い）手袋を使用する
- ガーゼ交換時には、清潔な（未滅菌で良い）手袋を着用する
- 内視鏡検査処置でも内視鏡を操作する際には、粘膜や体液との接触するため、清潔な（未滅菌で良い）手袋を使用する
- 患者の健全な皮膚に接触する場合であっても、医療従事者が手に切り傷、病変部、あるいは皮膚炎があるときには、清潔な（未滅菌で良い）手袋を使用する
- 単回使用の未滅菌手袋の再処理使用はしない
- 同じ患者であっても、処置ごとに、清潔な（未滅菌で良い）手袋を交換する

表10-2　手洗いと手袋着用の基本的手技

出典：厚生労働省「医療機関における院内感染対策マニュアル作成のための手引き（案）」（070413 ver.3.0）

(3) 介護施設で注意すべき感染症

① 結核

結核菌による慢性感染症であり、空気感染する。肺が主な病巣であり、症状は呼吸器症状（痰と咳、時に血痰・喀血）と全身症状（発熱、寝汗、倦怠感、体重減少）がみられる。咳と痰が2週間以上ある場合は要注意である。高齢者では肺結核の再発例がみられる。

② インフルエンザ

インフルエンザは感染力が非常に強いことから，できるだけウイルスが施設内に持ち込まれないようにすることが施設内感染防止の基本とされている。施設内に感染が発生した場合には，感染の拡大を可能な限り阻止し，被害を最小限に抑えることが，施設内感染防止対策の目的となる。事前対策としては，入所者と職員にワクチン接種を行うことが有効である。

③ レジオネラ

レジオネラ症は，レジオネラ属の細菌によって起こる感染症である。レジオネラは自然界の土壌に生息し，レジオネラによって汚染された空調冷却水などにより，飛散したエアロゾルを吸入することで感染する。その他，施設内における感染源として多いのは，循環式浴槽水，加湿器の水，給水・給湯水などである。レジオネラが増殖しないように，施設・設備の管理（点検・清掃・消毒）を徹底することが必要である。

④ 肺炎・気管支炎

肺炎球菌は人の鼻腔や咽頭などに常在し，健康成人でも 30～70％は保有している。しかし，体力の落ちている時や高齢者など，免疫力が低下している時に肺炎，気管支炎などの呼吸器感染症や副鼻腔炎，中耳炎，髄膜炎などの病気を発症する。肺炎から身体を守るためには，うがいをすること，手を洗うことが大切である。感染経路としては飛沫感染が主であるが，接触感染などもある。高齢者施設では，インフルエンザなどの感染時に二次感染する頻度が高い。

⑤ ノロウイルス

ノロウイルスは，冬季の感染性胃腸炎の主要な原因となるウイルスで，集団感染を起こすことがある。ノロウイルスの感染は，ほとんどが経口感染で，主に汚染された貝類（カキなどの二枚貝）を，生あるいは十分加熱調理しないで食べた場合に感染する。ノロウイルスは調理の過程では 85℃以上 1 分間の加熱を行えば，感染性はなくなるとされている。高齢者介護施設においては，入所者の便や嘔吐物に触れた手指で取り扱う食品などを介し，二次感染を起こす場合が多くなっている。主症状は，吐き気，嘔吐，腹痛，下痢で，通常は 1～2 日続いた後，治癒する。

⑥ 腸管出血性大腸菌

O157は，腸管出血性大腸菌の一種である。大腸菌自体は，人間の腸内に普通に存在し，ほとんどは無害であるが，中には下痢を起こす原因となる大腸菌が存在し，これを病原性大腸菌という。このうち，特に出血を伴う腸炎などを引き起こすのが，腸管出血性大腸菌である。症状は，水溶性便が続いた後，激しい腹痛と血便となる。少量の菌量で感染するため，高齢者が集団生活する場では二次感染を防ぐ必要がある。

2　介護者の作業関連筋骨格系障害

(1)　作業関連筋骨格系障害とは

作業関連筋骨格系障害（WRMSD；Work Related Muscular Skeletal Disorders）は広範囲の健康問題を含んでいる。主要な問題は腰部の痛み，あるいは障害，一般に「反復的負荷傷害」として知られる作業関連性上肢障害である。WRMSDは職業に大きく関連していることが示されており，物理的原因では手作業，重量物持ち上げ，悪い姿勢，ぎこちない動作，過度の反復動作，激しい手の使用，身体の組織への直接の機械的圧力，振動，低温の労働環境などがある。作業の状況としては，仕事のペース，反復作業，労働時間のパターン，単調な作業，心理社会的なストレスなどが挙げられる。

介護動作では，移乗介助やおむつ交換，トイレ介助，入浴介助などの場面で，力を入れて持ち上げる，一定時間腰を曲げて介助する，あるいは上肢（手）で対象者を一定時間支え続けるような大きな力を発揮する運動がWRMSDの原因になりやすい。また，対象者の突発的な動きへの対応や，狭い環境に合わせたぎこちない姿勢での介助もWRMSDの一因になる。

(2)　作業関連運動器障害の予防

①　介助動作の工夫

介助動作において，介護者の負担を軽減するための効果的な方法の一つと

して，対象者に協力してもらうことが挙げられる。ベッドから車椅子への移乗動作であれば，対象者に介護者の首や肩を持ってもらえば，少ない労力で立ち上がりや方向転換を介助できる。この際に，対象者に対して何をしてほしいのかしっかりオリエンテーションする必要がある。対象者は高齢で認知症を有している場合も多く，丁寧な説明が介護負担の軽減につながる。入浴介助をする場合でも，対象者に洗える範囲で洗ってもらえば介護量の軽減につながる。このような対象者の力を最大限にいかした介助はリハビリテーションの観点からも重要である。

また，介助の際には対象者と適切な距離をとることが必要である。移乗動作の例では，対象者より遠すぎれば立ち上がりの介助に過大な力を要するし，近すぎても立ち上がり後の方向転換が難しくなる。

② 介助補助具の使用

図10-1　移乗介助におけるスライディングボードの使用

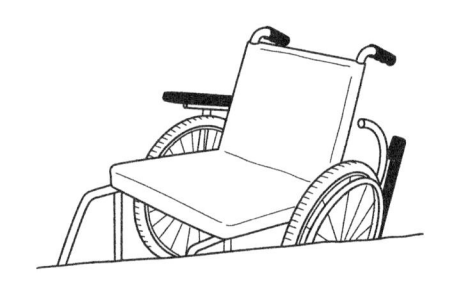

図10-2　車椅子の機能の利用

移乗動作の介護量を軽減するためにスライディングボードが有効である。スライディングボードを用いれば，対象者を持ち上げる必要がなく，介護量が大幅に軽減する（図10-1）。最近では，跳ね上げ式のアームレストや取り外し式のフットレストが付いた車椅子が増えてきており，このような機能を上手く活用することで車椅子をベッドに密着させることができ，対象者を短距離で水平移動させることが可能になる（図10-2）。また，対象者が四肢麻痺のような重度の運動障害を有している場合は，電動リフトが役に立つ。こ

れらの器具は介護量を軽減するために有効であるが，使用方法を誤れば事故になりやすいので事前に十分練習しておく必要がある。

　ベッド上の対象者を頭側や尾側に水平移動させる際に，対象者の背部とベッドとの間の摩擦が大きく，過度な労力を要することがある。特に，対象者が大柄であったり，エアマットの使用により対象者の体がベッドに沈み込んだりすると介護量が格段に増す。こういった場合，低摩擦シートを用いれば対象者を水平移動させる介助や対象者の背中に手を入れ込む介助が容易になる。

③　介助環境の整備

　ベッドやストレッチャーなど，高さを変えることのできる介護機器を使用する時は，介護の都度，介護者の体型に合わせて適切な高さに設定することが腰部への負担軽減のために重要である。特に，腰を曲げた中腰姿勢での介助は腰痛の原因になるので注意が必要である（図10-3）。

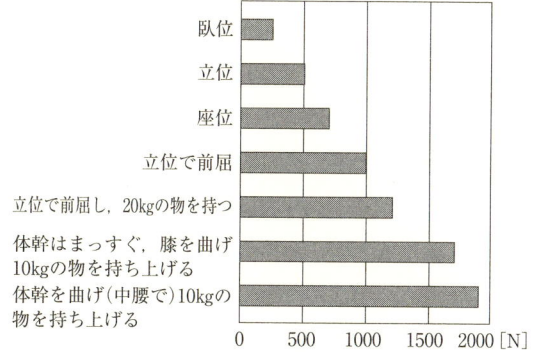

図10-3　姿勢と腰椎椎間板内圧の関係
出典：Nachemson AL : Disk pressure measurements. Spine 6, 93-97, 1981.

　床の物を拾い上げる動作や床に物を置く動作は介護の場面では頻繁に行われるが，狭い環境でこれらの動作を行うと，どうしても中腰姿勢になる。整理整頓や環境整備をし，膝を曲げて腰を落とせるスペースを作ることが望まれる。

　食事介助や歯磨きの介助は，対象者の後方に立ち，腰をねじりながら前かがみになるため，腰部の負担が大きくなる姿勢で介助をすることが多い。可能であれば，座椅子に座って介助すると腰痛や頸肩腕症の予防に有効である。

(3)　作業関連運動器疾患を予防するためのストレッチング

　一言に WRMSD といっても椎間板ヘルニアから頸肩腕症，筋筋膜性腰痛

まで，原因はさまざまである。椎間板ヘルニアなど重篤（じゅうとく）な器質的障害を伴った疼痛（とうつう）に対しては医学的治療が必要となる。

頸肩腕症や筋筋膜性腰痛は，肩や腰が重だるく痛いというような症状が主であり，介護者によくみられる。この種の疼痛が生じる一因として，長時間にわたり同じ姿勢で力を入れることによる局所の血流量の減少が挙げられ，ストレッチ体操が有効となる（図10-4）。

ストレッチ体操を行う際は5～10秒かけてゆっくり筋を伸張し，気持ち良く筋が伸びている感覚を確かめることが重要である。何度か繰り返すことで血流改善効果が増す。

肩の上げ下げ運動　　背伸び運動　　胸を開く運動

上背部ストレッチ　　胸部ストレッチ

図10-4　WRMSDを予防するためのストレッチングの一例

3　介護者のストレス

(1) ストレスとストレッサー

　ここでいうストレスとは，心理社会的な要因により生じるものであり，物理的環境の変化や運動負荷といった物理的・生物学的ストレスとは異なる。ストレス学説を提唱したセリエ（Selye, H.）は，ストレスが生じる要因となるストレス刺激，つまりストレッサーという言葉を初めて用いた。ラザルス（Lazarus, R. H.）は「心理的ストレスとは，人間と環境との間の特異的な関係をいうのであり，ある状況がその人に負荷をかけている，自分の力を超えてウェル・ビーイング（Well Being）＊を脅かしていると判断される状態である」と述べている〈文献(1)〉。

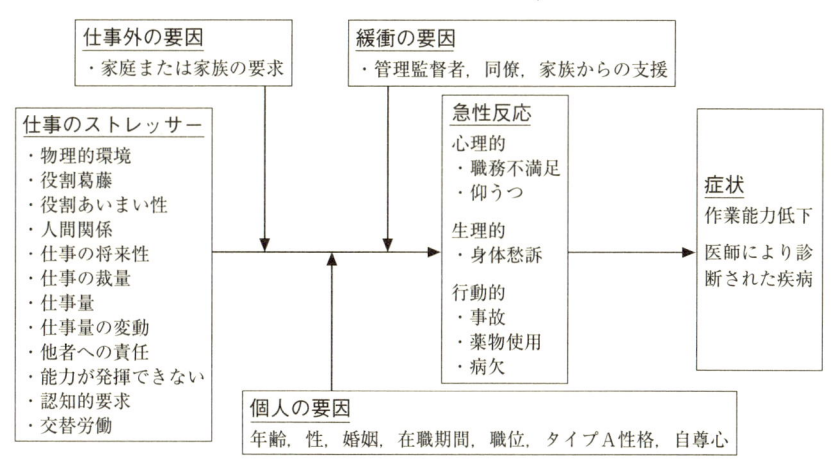

```
仕事外の要因
・家庭または家族の要求

緩衝の要因
・管理監督者，同僚，家族からの支援

仕事のストレッサー
・物理的環境
・役割葛藤
・役割あいまい性
・人間関係
・仕事の将来性
・仕事の裁量
・仕事量
・仕事量の変動
・他者への責任
・能力が発揮できない
・認知的要求
・交替労働

急性反応
心理的
・職務不満足
・仰うつ
生理的
・身体愁訴
行動的
・事故
・薬物使用
・病欠

症状
作業能力低下
医師により診断された疾病

個人の要因
年齢，性，婚姻，在職期間，職位，タイプA性格，自尊心
```

図10-5　NIOSH（米国立労働安全衛生研究所）の職業性ストレスモデル

出典：Janzon L., Hanson B. S., Isacsson S. O., Lindell S. E., Steen B., Factors influencing participation in health surveys: Results from prospective population study 'men born in 1914' in Malmo, Sweden. Journal of Epidemiology and Community Medicine 40, 1986, 174-177.

＊　ウェル・ビーイング（Well Being）：心身ともに健康で幸福な状態。

図10−5に米国立労働安全衛生研究所の職業性ストレスモデルを示す。仕事のさまざまなストレッサーに仕事外のストレッサーや個人要因としてのストレス耐性が加わり，またストレス緩衝が少ない状態が続くと，抑うつや身体愁訴などの急性反応が生じ，作業能力が著しく低下したり疾病として診断されたりすることになる。図10−5中の仕事のストレッサーの事例は介護の現場で多く見受けられる内容であり，つまり介護者は慢性的に仕事のストレッサーにさらされていることがわかる。

(2) 対人関係をよく知るための交流分析

介護の現場では，同職種同士，他職種間，あるいは介護職と利用者との間などさまざまな場面で対人関係ストレスが生じる。対人関係ストレスを軽減するためには対人関係をよく知る必要があり，それを手助けする理論としてバーン（Berne, E.）は交流分析（Transactional Analysis）を開発した。交流分析では自我状態を「子供」の自我状態（Child：C），「親」の自我状態（Parent：P），「成人」の自我状態（Adult：A）の3つから成り立っているとした（表10−3）。私たちはこのような自我状態を自由に使い分けることによって，対人関係を円滑に行い，必要以上のストレス状態を回避している。

子供の自我状態
　子供の時のさまざまな経験が含まれている。私たちが子供の頃に感じたり，考えたり，行ったりしたのと同じようにふるまっている時に，この自我状態にいるという。
親の自我状態
　私たちが育つ時に，私たちに影響を与えた大人たちの自我状態を取り入れている。この親的役割をした人たちの感じ方，考え方，行動を真似している時，この自我状態にいるという。
成人の自我状態
　上記の2つの状態と異なって，過去の生育歴などに影響されず，「いま」「ここ」での反応としての感情，思考，行動をしている時にこの自我状態にいるという。

表10−3　交流分析にみる3つの自我状態（執筆者作成）

私たちは仕事においても状況に合わせて自我状態を変えながら他者と接しており，例えば上司（P）と部下（C），介護職（A）と他職種（A）というように2者間での自我状態の役割は刻々と変化している。この2者間での自我状態の交流形態には平行交流，交叉交流，裏面交流がある（図10−6）。

平行交流とは，上司が部下に業務内容について注意し（P→C），部下が上司の言うことを素直に聞いている（C→P）状況や，介護職と他職種がお互い専門的立場から意見交換する（A⇔A）状況である。

交叉交流とは，上司が部下に業務内容について注意している（P→C）のに対し，部下は自分なりに状況を分析して意見を言おうとしている（A→A）状況である。このような場合はストレスが生じやすく，どちらかが自我状態を変えて接する必要がある場合もある。

裏面交流とは，同僚に対して勤務が忙しいことを雑談として話しかけた（A→A）際に，同僚は相談を受けたと思い，効率の良い仕事のやり方をアドバイスする（P→C）場面において，雑談として話しかけたほうは「世間話程度の愚痴なのに…」と思いながらもアドバイスをする同僚に耳を傾ける（C→P）状況である。このような裏面交流ではアドバイスに耳を傾けていたほうが「そんなこと言われなくてもわかってるよ！」と急に怒り出し，アドバイスをしていた側は「相談しておいて急に怒り出すなんて！」とお互い嫌な感情が生じることもある。しかし，裏面交流により自我状態の交流にずれが生じているのに気づかないことが多く，また同じような状況になってしまう。このような裏面交流を伴ったやり取りを「心理ゲーム」といい，職場において対人関係でストレスが生じる大きな要因となる。

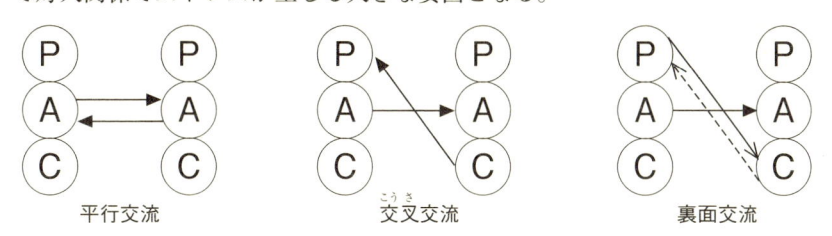

図10-6　交流のモデル（執筆者作成）

(3) 職場でのストレスを減らすための工夫

職場でのストレスを個人が管理するには限界があり，勤務システムの改善や他者のサポートが重要になる。他者のサポートでは，ストレスを強く感じているものの変化に早期に気づくことが重要である（表10-4）。職場内で

のサポートでは対応できない場合は，医療機関などへ受診をすすめることも必要となる。

　また，交替勤務のある場合は，睡眠時間や生活リズムが不規則となり，ストレスとなる場合もある。交替勤務の工夫として，上手な休息と睡眠時間の確保が大切である。例えば，以下のような工夫が挙げられる。夜勤中は職場の照明を明るめにすると，眠気が減り仕事の効率が上がる。夜勤明けの帰宅時，サングラスなどで強い日光を避けると帰宅後の入眠が容易になる。夜勤明けの睡眠は，家族の協力を得て明るさや音に配慮した寝室環境の確保を心がける。勤務シフトの工夫で睡眠時間の確保が容易になることもある。

```
・遅刻，早退，欠勤が増える
・休みの連絡がない（無断欠勤がある）
・残業，休日出勤が不釣合いに増える
・仕事の能率が悪くなる。思考力や判断力が低下する
・業務の結果がなかなか出てこない
・報告や相談，職場での会話がなくなる（あるいはその逆）
・表情に活気がなく，動作にも元気がない（あるいはその逆）
・不自然な言動が目立つ
・ミスや事故が目立つ
・服装が乱れたり，衣服が不潔であったりする
```

表10-4　「いつもと違う」部下の様子

出典：厚生労働省「心の健康　気づきヒント集」2008年

（甲田宗嗣）

参考・引用文献

(1) 日本健康心理学会編『健康心理アセスメント概論』実務教育出版，2002年，115-125頁。
(2) 厚生労働省「高齢者介護施設における感染対策マニュアル」2005年，27-28頁。
(3) 東京都福祉保険局「院内感染予防策マニュアル」2005年。
(4) Nachemson AL : Disk pressure measurements. Spine 6, 93-97, 1981.
(5) Janzon L., Hanson B. S., Isacsson S. O., Lindell S. E., Steen B., Factors influencing participation in health surveys : Results from prospective population study 'men born in 1914' in Malmo, Sweden. Journal of Epidemiology and Community Medicine 40, 1986, 174-177.
(6) 厚生労働省「心の健康　気づきヒント集」2008年。

第2部
コミュニケーション技術

第11章●介護におけるコミュニケーションの基本
第12章●介護におけるチームのコミュニケーション
第13章●介護場面における対象者・家族とのコミュニケーション

第11章
介護における
コミュニケーションの基本

> すべての人は他人と何らかのかかわりを持って生きている。コミュニケーションは人から人への伝達の方法の一つとして，社会生活を営むうえで必要不可欠のものである。介護実践においては，介護者と対象者との人間関係の成立やチームメンバーとの情報交換などが介護を展開するうえで重要な要因となる。本章では，介護過程展開におけるコミュニケーションの意義と実際について学び，望ましいコミュニケーションのあり方についての理解を深める。

1　コミュニケーションの概念

(1) コミュニケーションとは

　『看護大事典』〈文献(1)〉によれば，コミュニケーションとは"個人と個人，個人と集団の間での感情や思考などを，言葉・身ぶり・文字などを介して伝達すること，また伝達し合うことや，その行為を意味する"となっている。

　コミュニケーションとは一つの伝達手段である。人は"社会的生き物"であるため，他人とのかかわりなくして生活することはまれであり，大なり小なり何らかのかかわり合いを通して生活をしている。この他者とのかかわり合いの中で生活するのが人間生活であり，それをより拡大したのが社会生活であるといえる。

　人間生活のそれぞれの基本的な行為は，①食事と排泄，②移動，③身だしなみ（清潔），④家庭生活であり，これらの行為を繰り返したり，または中心にして，⑤地域社会へのかかわりへと発展していく。そして，このそれぞれ

第11章　介護におけるコミュニケーションの基本

の行為をつなぐ働きをしているのがいわゆる"コミュニケーション"であり，伝達機能といえる。

(2) コミュニケーション送・受信者の関係

　コミュニケーションの送り手（送信者）と受け手（受信者）の関係は，双方が同じ程度の経験や理解度である場合は，コミュニケーションもうまくいくことが多い。しかし，両者間の相違が著しい場合や抱いている感情の差が激しい場合は，コミュニケーションの効果は低下すると考えられる。介護場面においては，この両者間の差はいくつかの面において大きいことが予想される。両者間の差が大きければ大きいほど，コミュニケーションを図るうえで注意が必要になる。

　注意が必要となる内容は次の5つが考えられる。

①　年齢
　年齢は介護場面におけるコミュニケーション送・受信者間において，最も大きな留意点になるであろう。年齢の差が大きければ大きいほど，生活の経験が異なり，生活経験が異なれば，抱いている価値観にも影響を及ぼす。

②　立場
　立場とはコミュニケーションを図る二者間における関係性である。コミュニケーションの相手が友人や同僚あるいは家族構成者であれば，その立場はほぼ等しく，上下関係も存在しない。

　しかし，介護の領域においては，片方が介護を受ける人であり，もう片方が介護の担い手であるため，自ずと"役割"という面において何らかの関係性が生じる。介護の担い手である介護職員は，対象者を「介護される人」と捉えてしまいがちであるが，「人としては同じ」という気持ちを心がけるようにしたい。

③　コミュニケーションの目的
　コミュニケーションの目的とは，②とも関連する内容であるが，介護される人，する人という関係では介護する人のほうがコミュニケーションの主体となりやすい。なぜなら，介護の対象者をより詳しく知ることは，相手のニー

ズに沿った介護を提供することにつながるため，"情報収集"が欠かせないものになり，そのため介護者側が積極的に情報収集したり，相手の理解に努めたりするため，介護者主体のコミュニケーションとなりやすい。

④ **身体機能**

高齢者になると"加齢"というのみで視力や聴力などの身体機能は低下する。それに加え，脳血管疾患の後遺症により「高次脳機能障害」として高次脳機能（言語を理解する，行動する，物体を認識する，記憶を保持するなど，日常生活では基本的な機能を指す）が脳出血，くも膜下出血，脳梗塞，脳血栓などにより障害されることもある。

高次脳機能障害の症状に，精神的に疲れやすい，体の半分から左右どちらかの空間について気づかなくなる，言葉を理解・表現できない，ある状況のもとで正しい行動がとれないなど，円滑なコミュニケーションを阻害する要因の出現もみられることがある。そのため，脳血管疾患にかかった高齢者と

留意すべき項目	介護の対象者（高齢者）	介護者（施設職員等）	介護者の立場からみた留意すべき事柄
①年齢	高齢者（少なくとも65歳以上）	対象者と比べて若い	・生活経験，生活背景が異なる ・生活様式が異なる ・価値観が異なる
②立場(関係性)	介護の受け手（被介護者）	介護の担い手（専門家であり，知識・技術を有している）	・対象者を介護される人と捉えがち（人としては同じという気持ちを持つことが重要） ・介護者は専門家的視点でのかかわりを持ちやすい
③コミュニケーションの目的	伝達，人やもの・事の理解，受理	情報収集，対象の理解，伝達（知識，できごと，その他），受理	・介護の提供者であるため，介護者主体となりやすい
④身体機能	・加齢現象が生じている ・脳血管疾患に罹患している場合は，後遺症からくる生活反応に注意する	正常（運動，心理，社会機能など）	・情報（取り込み・解釈・出力）の情報処理能力に差が生じる。差を埋めるようなコミュニケーションの成立に配慮が必要となる ・場合によっては高次脳機能障害を視野に入れる
⑤生活環境	生活空間の限定	生活空間の開放	・介護の対象者は気分転換などを行いにくい状況にある

表11-1 介護場面におけるコミュニケーションの特徴（執筆者作成）

第11章　介護におけるコミュニケーションの基本

コミュニケーションを図る場合は、麻痺(まひ)や言語障害など目に見える障害のみでなく、高次脳機能障害も視野に入れる必要がある。

⑤　生活環境

生活環境は日々生活する場のことである。施設に入居しており、日々の生活の変化が乏しかったり、刺激が少なかったりする場合は気分転換が行いにくいことが考えられる。そのため、会話をきっかけにして感情を吐露(とろ)することにつながる場合もある。

2　コミュニケーションを図る目的

介護場面でのコミュニケーションを図る目的は、大きく2つの側面があると考えられる。

一つは、何かの手段にコミュニケーションを用いる場合と、他方はコミュニケーションを図ることそのものが目的になる場合がある。何かの手段にコミュニケーションを用いる場合とは、つまり介護の展開過程におけるコミュニケーションである。コミュニケーションそのものが目的になる場合とは、挨拶(あいさつ)を交わしたり、日常的な会話をすることであり、社会生活を営むうえで潤滑油(じゅんかつゆ)的な役割になる内容である。

(1)　介護過程展開におけるコミュニケーションの意義

介護過程の展開については、介護福祉士の養成課程に記載されている。その展開過程には「状況把握」「事前評価」「介護計画の作成」「実施」「実施後の評価」が位置付けられている。つまり、介護問題（日常生活上の問題）の明確化とそれの解決策、さらに実施である。

この、展開過程をわかりやすく考えるならば、それは①情報収集、②アセスメント、③問題の明確化、④介護計画の立案、⑤実施、⑥評価というように分けられ、コミュニケーションを図る目的の一つは、この介護過程での「情報収集」と「実施」に主として関連する。

①　情報収集におけるコミュニケーション

介護過程における情報収集段階でのコミュニケーションは，他者の理解に通じる。相手にどのような欲求があるのか，困ったことがあるのか。または，本人は気がついていないかもしれない潜在的な欲求がある場合がある。それを知るために，介護者（職員）は情報を収集する。情報収集は，本人や家族から主として会話（言葉）によって行われる。介護者は伝達される側（受け手）としての役割を担う。

② **実施におけるコミュニケーション**

実施におけるコミュニケーションとは，情報収集後アセスメントをし，介護問題を明確にした後，介護計画の立案をし，それを実施する時のコミュニケーションである。計画の実施は何をするかの説明，行う目的，理由，方法など説明によるところが大きく，主として"伝達"機能としてのコミュニケーションになる。

(2) コミュニケーションそのものが目的になる場合

コミュニケーションそのものが目的になる場合とは，介護過程の情報収集のように何らかの目的を持ったコミュニケーションではなく，話すことそのものを目的とする場合のことである。

話すことのメリットは感情面に働きかけることと，脳の刺激につながることである。人は嬉しい時，悲しい時，何かがあった時，その気持ちを誰かに伝えたいと思う。また，そのような感情にとらわれなくても，人とかかわって生きていく存在である。

話すことは，それ自体が"放つ"（話す）ことにつながる。話すことによって気持ちを"放ち"ながら喜び，楽しみ，希望，生きている実感などを味わう。放った後は，気持ちや感情が落ち着き頑張ろうという気持ちになったり，やってみようという前向きな気持ちになったりする。会話をすることは脳の活動によるため，脳の活動低下を防止することにもつながる。

また，話すことは声帯を振動させ，空気を声道に共鳴させるため，呼吸に影響する。会話の機会の増加や，談笑の増加は呼吸数の増加につながる。呼吸数の増加は呼吸筋の使用や横隔膜の上下運動を促進させ，一種の"運動"に

第11章　介護におけるコミュニケーションの基本

「介護過程、特に状況把握時における情報収集の内容とコミュニケーション」

情報収集（食事・排泄・睡眠・活動など）しなくちゃね

「介護計画立案後の声かけ」

介護計画を立案したけど，どのように声かけしようかな（具体的方法の説明）

図11-1　介護過程展開におけるコミュニケーション（イメージ図）

・娘さんが面会に来られていましたね。
・春になって気持ちのいい日が続いていますね。

図11-2　コミュニケーションを図ることそのものを目的とする

似た役目を果たすことになり，酸素消費量の増加にもつながり，呼吸機能低下の予防にも役立つ。

3　コミュニケーションの実際

コミュニケーションを効果的に図るための要素には，①コミュニケーショ

ンを図るのに好ましい環境（場所），②コミュニケーションの成立する要素，③コミュニケーションを図る時の注意点がある。

(1) コミュニケーションを図るのに好ましい環境（場所）

コミュニケーションを図るのに好ましい環境は，静かで落ち着いた場所が望ましい。特に介護過程のための情報収集であればなおさらのことである。

情報収集においては，個人に関する内容や家族に関する内容など個人の領域に立ち入らなければ問題の明確化ができない場合が多く，プライバシーの確保には注意を要する。

また，言語による情報収集以外に，生活動作の確認を必要とする場合があり，実際の行動（動作）を見る場合も出てくる。よろめいたり，ふらついたりしても身体に危害が及ばないような，安全な場所を選ぶことが必要である。

安全な場所の意味するところは，他にも環境の調整がある。隙間風が吹いたり，西日が強かったりするなど，寒すぎたり，暑すぎたりしないように配慮する。温度感覚は若年者と高齢者では異なるため，室温は温度計で確認することが望ましい。ざわざわした場所では介護者の言葉が聞き取れなかったり，自分の思っていることを伝えにくかったりと心理面に影響を及ぼす場合もあるので，静寂な場所の確保は重要である。

(2) コミュニケーションの成立する要素

① 情報や意思の送り手とそれの受け手

コミュニケーションの成立する要素には，まず情報や意思をやり取りする送り手と受け手が必要になる。介護場面における送り手と受け手の注意すべき相違点については表11-1に述べた。

コミュニケーションが成立するためには，送り手が情報や意思を伝えるだけではコミュニケーションが成立したとは言いがたい。受け手が何らかの方法によって伝えられた情報や意思を正しく理解して初めてコミュニケーションは成立する。

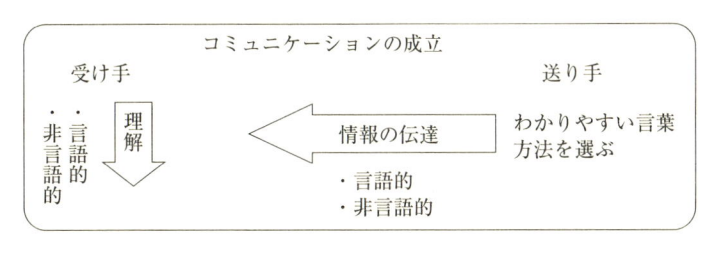

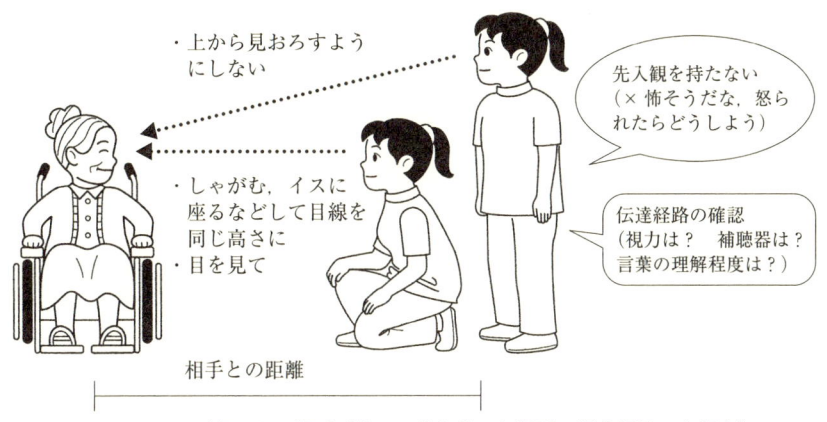

第11章 介護におけるコミュニケーションの基本

図11-3 コミュニケーションを図るうえで留意すべき内容（執筆者作成）

コミュニケーションの成立
- 受け手：言語的・非言語的、理解
- 情報の伝達
- 送り手：わかりやすい言葉・方法を選ぶ、言語的・非言語的

- 上から見おろすようにしない
- しゃがむ、イスに座るなどして目線を同じ高さに
- 目を見て
- 先入観を持たない（× 怖そうだな、怒られたらどうしよう）
- 伝達経路の確認（視力は？ 補聴器は？ 言葉の理解程度は？）
- 相手との距離
- コミュニケーションが行われる場所（静かで落ち着いた場所・温度調節にも留意）

② 情報や意思を伝える時の手段

　情報や意思を伝える時の手段で最も多く用いられるのは言葉である。言葉を用いて伝える場合を"言語的コミュニケーション"と言い、言葉に付随した、あるいは言葉に付随しない単独で使われる表情や視線、しぐさ、態度などは"非言語的コミュニケーション"と呼ばれる。

　高齢者とのコミュニケーションを図る場合は非言語的コミュニケーションも重要になる。例えば、言葉では了承していると受け取れる"いいよ"という言語を発していても、表情が憮然としていたり、視線が宙をさまよっていたりする場合は、本音では了承していない場合もあるため、言っている言葉と、表情、視線、態度などが一致しているかを観察する。

　また、このことは受け手も送り手の声の調子や表情、態度などを見ている

ため，送り手のほうも自らが発する非言語的コミュニケーションには注意が必要である。

③ **情報や意思を伝える時に用いる言葉**

情報や意思を伝える時に用いる言葉はできるだけやさしいものを選ぶ。これも表11-1に示した内容のとおり，生活した年代や背景が異なると，知っている言葉や情景が異なる場合がある。そのため，受け手の生活背景を理解した言葉を用いるようにする。特に，介護過程の計画を実施してもらう内容を伝える場合は，できるだけ専門用語を使用しないようにする。

また，必要に応じて図やイラストを紙に書いて示すなど，言葉以外の方法を用いることも考慮する。大事なのは"何を伝えるか"ではなく，理解してもらうために"どのように伝えるか"が重要になる。

④ **コミュニケーションを図る時の距離**

コミュニケーションを図る時には，受け手と送り手の距離も重要になる。介護場面での会話は密接距離で行われることが多い。この距離での会話は，相手の表情や言葉も聞き取りやすい。また，安心感を得てもらうために身体に手をやったり触れたりできる距離でもある。

しかし，急に近づかれることを好まない人や，視力の低下などで視野にいきなり人が入ったように感じられる人もいるため，接近する場合は注意を要する。なお，表11-2の「身体的支配の限界」とは，身体的接触ができにくくなる距離のことをいう。

密接距離	15～45cm	手で触れたり手を握ったりできる距離
固体距離	45～120cm	身体的支配の限界
社会距離	120～360cm	格式ばった社交用のための距離
公衆距離	360～750cm	顔の細かい表情や動きが感じとれなくなる

表11-2 コミュニケーションに適した距離

出典：田中キミ子『高齢者とのコミュニケーション・スキル』中央法規出版，2001年，44頁

第11章　介護におけるコミュニケーションの基本

(3) コミュニケーションを図る時の注意点

① 目線を同じ高さにする

お互いの目を見てコミュニケーションを図ることは，視線や目の動きを感じとることができるため，反応の確認や理解程度を知ることに役立つ。最近の介護する人と介護される人の身長差はかなりあると思われるため，お互いが椅子に座る，背をかがめるなどの工夫が必要である。

② 先入観を持たない

高齢者とコミュニケーションを図る場合，相手に対し必要以上の先入観を持たないことである。先入観を持つとは，介護職員間において，「あの人昨日こうだった」「今日こういうことがあった」と介護の必要上から行われる情報交換がある。

しかし，情報は情報として持っておくが，高齢者に接する時はそれらの先入観を一旦脇に置いて接することが重要である。先入観を持って接すると情報が正しく伝わらなかったり，相手の言っていることの意味を正しく受け取ることができずに自分本位の解釈をしてしまうことにつながる場合がある。

③ 伝達経路の確認

身体機能のところでも述べたが（p.154），高齢者の中には，視力，聴力の低下や，言語機能，認知能力などが低下している場合がある。聴力においては左右が同じ程度に聞こえない場合があり"聞きやすい耳"のほうから声をかけるなどの工夫も必要である。

コミュニケーションにおける障害を正しく捉え，その人にあった方法を用いることは伝達を確実にするためきわめて重要になる。　　　　　（上本野唱子）

引用文献

(1) 和田攻・南裕子・小峰光博総編集『看護大事典』医学書院，2002年，1024頁。
(2) 田中キミ子『高齢者とのコミュニケーション・スキル』中央法規出版，2001年，44頁。

第12章 介護におけるチームのコミュニケーション

　介護士が活躍する職場では,対象者のよりよい生活を目指して,複数の医療職・介護職がかかわる。対象者を取り巻くさまざまな専門職がスクラムを組み,総合力でバック・アップする。一人の力をそれぞれが出し合い,重なりあいながら互いを尊重し,介護士の国家試験資格を取得しているプロフェッショナルとしての自覚を持ち,一つの目標に向かってチームで声をかけあいながら進んでいくことが対象者を支えていく最大の力になる。本章では,よりよいチームワークのためのコミュニケーションのあり方について学ぶ。

1　チームのコミュニケーション

(1)　チームのコミュニケーションの目的

　チームのコミュニケーションの目的は,それぞれの専門性の中で,対象者を多角的に見ていき,その情報をもとに対象者の生活を支援していくことにある。

　つまり,対象者の人生の希望・目的・夢のパズルをチームで完成させるため,チームのコミュニケーションが重要な役割を担うことになる。

笑顔になるパズルを完成する

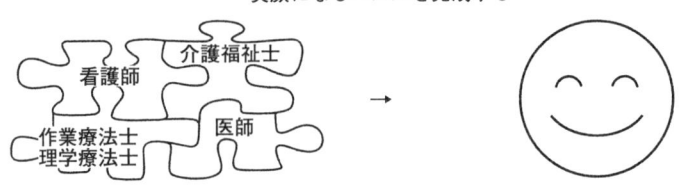

第12章　介護におけるチームのコミュニケーション

●チームの構成メンバー例
① 総合病院：介護福祉士・医師・看護師・薬剤師・社会福祉士（医療ソーシャルワーカー MSW）・理学療法士・作業療法士・言語聴覚士・栄養士・家族など
② 精神科病院：介護福祉士・医師・看護師・薬剤師・精神保健福祉士（PSW）・作業療法士・生活指導員・栄養士・家族など
③ 介護老人保健施設：介護福祉士・医師・看護師・薬剤師・理学療法士・作業療法士・言語聴覚士・ケアマネージャー・ケアワーカー・栄養士・家族など
④ グループホーム：介護福祉士・医師・看護師・理学療法士・作業療法士・言語聴覚士・ケアマネージャー・ケアワーカー・家族など
＊その他の職種：管理栄養士・鍼灸師・柔道整復士・レクリエーション指導員・健康運動指導士など。

【最近のトピックス：健康運動指導士について】

　健康運動指導士は，スポーツクラブや保健所，保健センター，病院，介護施設などにおいて，人々の健康を維持・改善するために，安全かつ適切な運動プログラムを提案・指導する専門家をいう。
　厚生労働省所管の財団法人健康・体力つくり事業財団が養成・資格認定・登録事業を行っている。厚労省が認定する健康増進施設に配置される他，生活習慣病予防を中心とした特定健診・特定保健指導（メタボ検診）における運動指導や介護予防，運動と食育を組み合わせたスポーツ栄養などの分野で注目されている。
　健康運動指導士の養成は，国民の生活習慣病予防・適切な運動習慣の普及を目的とした厚生省（当時）の施策の一つとして1988年に始まった。当初は厚生大臣の認定事業として実施されていたが，2006年以降は財団法人健康・体力づくり事業財団の独自事業となっている。現在，介護老人保健施設や，特別養護老人ホームなどで，健康運動指導士の雇用が進んできている。

(2) チームのコミュニケーションについて

専門職チームのコミュニケーション

チームとは，共通の目的・達成すべき目標に対しての方針を決め，そのためのアプローチをすべてのチームの構成メンバーで情報を共有し，それぞれの専門性をいかしながらお互いが尊重し合い，協力し何をすべきかを考え最善をつくし合う補完的なスキルを備えた集合体をいう。

そのために，他職種の仕事を理解し，他職種の意見を傾聴し，他職種がより良い仕事が行えるように最大限自分の職務を全うする必要がある。そうすることで，チームは個人の成果の総和ではなくなり，集合的成果の貢献という形で対象者へのサービスの質を何倍にも効果的に提供することができる。介護士は，対象者にかかわる者として，さまざまな職種により構成された「チーム」の一員であるという認識を持つ必要がある。

チームのメンバーが専門性をいかし合うためには，それぞれの専門職がそれぞれの専門性を理解したうえで，チーム内での役割を明確にし，必要な情報を集め，それをアセスメントし，立案した計画を伝え合うことが必要である。そのうえで，どのような方針で支援を進めていくのかを話し合い，支援目標や方針をチーム全体で共通理解をしたうえで，支援内容をおおまかに決めていく。チームによる支援はこのようにして動き始める。他職種協働のチームが機能するためには，その職種（職場）と職種内チーム構造が機能し合うことが求められる。このようにして，チームによる支援（チームケア）が進むのである。

施設介護の現場では，多くの介護職が同時に働いている。居宅サービスの一つである「訪問介護」は1人で訪問することが多いため，「ひとり職場」のように思われるかもしれないが，その利用者宅の訪問をいつも同じ介護職が担当するのは難しく，仲間とのスケジュールを調整して訪問予定を組むなど，複数の介護職が担当することが多い。

施設介護の現場には，介護職員，ユニットリーダー，フロア主任，介護課長，施設長などという組織構造があり，訪問介護にもホームヘルパー，チー

ムリーダー，サービス提供責任者，管理者などの組織構造がある。また施設には，生活相談員，看護師，リハビリテーション専門職，栄養士や調理員，事務職員などの職種が働いている。

さらには，さまざまな職種により，委員会活動などが行われていたりする。このように，介護職一人ひとりがチームの一員であり，仲間とともに，また多職種とともにあるといえる。

(3) 介護職チームの形成

多職種が協働するためには，同職種のチーム形成が前提としてなければ進むことが難しいと考えられる。

ここでは，なぜ介護職同士のコミュニケーションが大切なのか，臨床場面をイメージして考えてみよう。

糖尿病を患っている利用者のAさんは，最近血糖値を下げる薬を食前に内服するようになった。ある日「食欲がない」と言ってほとんど食事を摂らなかった。介護職Bは，Aさんが以前Sick day（糖尿病の患者が風邪や胃炎，下痢など他の病気にかかり，体調を崩した状態）になっていたこと，最近食前に血糖を下げる薬を内服するようになったことを知っていたため消化の良いおかゆを代わりに食べてもらうなどの対応をした。一方，別の日に介護職Cは「そうですか……。食べたくない時もありますよね。では，部屋に戻りましょう」と何も食べてもらわずに対応したとする。そのため，その日Aさんは低血糖症状を起こし昏睡状態に陥ってしまった。

介護は常に危険と隣り合わせである。このような正反対の対応であれば，Aさんやその家族はどのように感じるのか。また，なぜこのような正反対の対応をしてしまうのか。

おそらくこの職場では，Aさんにどのような方針で支援を行うのか，注意しなければならないところは何なのかが話し合われておらず，糖尿病に対する知識やリスクが共有されていなかったと思われる。介護職Bが知っている

情報・知識が介護職チームに共有され，チームとしての方針が示されて介護職間のチームのコミュニケーションがとれていれば，上記のようなことにはならない。

基本的知識の習得は同じであっても，現場での経験から培ってきた力はみな違うといっても過言ではない。それを補い合い，常に誰が介護しようと同じサービスを利用者に提供していくことが必要である。誰かが気づいたこと，誰かが知ったこと，誰かが考えたことなどを介護職の間で伝え合い，必要な情報を共有するためのコミュニケーションが大切である。そのための手段として，申し送りによる引き継ぎや介護計画（個別援助計画）がある。介護職の間のコミュニケーションは，目標や支援の方針の共有につながり，同時にチームによる支援の始まりにつながる。

(4) 介護職全員でつくる個別の介護計画

介護現場でチームのコミュニケーションが重要なことは上記で述べた。介護職はその利用者のための個別の介護計画（個別援助計画）を立案することによってチームのコミュニケーションを円滑に行うことも求められている。

ここでは，介護職（以下スタッフ）が介護計画（個別援助計画）を立案することの意義について，臨床場面をイメージして考えてみる。

施設に入所しており，ほとんど動こうとせずベッド上で目を閉じて過ごしている利用者Dさんがいる。少しでも目を開け，体を動かしてもらおうと促すが，動こうとすることはない。そのため，リハビリテーションもなかなか進まない。

ある時，スタッフが「空気を入れ替えましょう」とカーテンを開け，新鮮な風を室内に入れた。すると，Dさんの目が開いた。スタッフはDさんの肩に触れ，顔を近づけて「窓の外にきれいな花が咲いています。私に，あの花の名前を教えていただけませんか」と優しく耳もとで語りかけると，さらに，Dさんは「見に行ってみようか」とスタッフの手を握り，花の咲いている屋外まで歩き出した。

第12章　介護におけるチームのコミュニケーション

　Dさんはスタッフに花の名前やそれにまつわること，子供の時の思い出まで一生懸命に話し，その表情は和らいでいた。また夜になると，暑いのでなかなか眠れないため，「氷枕がほしい」という訴えまで聞くことができた。

　今回のスタッフの発見は，誰にも伝えなければ，その時だけの働きに終わってしまう。介護職チームのコミュニケーションによって，初めてスタッフの気づきが継続的な働きかけとしてチームの力を引き出し，動かすことにつながる。Dさんとコミュニケーションを図る方法を発見したスタッフは，「今日，このような発見がありました」とスタッフ間での話題にすることだろう。嬉しいことや成功したことについて仲間と分かち合うことは，スタッフにとって喜びのひと時であり，働く意欲を高めることにもつながる。

　スタッフが集まり，介護方法について検討した結果，「毎就寝前に，スタッフが部屋を訪れて，Dさんへ氷枕を渡す。日中は窓を開け，空気の入れ替えを行う。花の話をきっかけにして会話をし，屋外まで歩いてもらう。その時に，現在の悩みなどコミュニケーションを通して心のケアを行う」という内容が個別援助計画に記されることになる。

　このように記録することで，利用者の状況に合わせた個別の介護計画にもなり，異なるスタッフが訪床しても同じサービスを提供できる。「利用者に体を動かしてもらう」など，誰にでも該当するような表現では，個別の介護計画にはならない。目の前にいる利用者一人ひとりに注目し，尊厳ある人として接することが介護福祉士の基本的態度だとすれば，それを具体的な個別援助計画に表現する必要がある。それぞれの利用者には個別性があり，それゆえにどのようなことがきっかけとなり，行動変容が起こるのかはわからない。専門職としてどのように支援していくのか，個別に対応する方法を記述するためには，介護職が日常生活の中で観察し，気づいたことをもとに，それを介護職の間で共有し，その結果を個別援助計画に位置づけていくことが大切である。

　また，常に同じ計画では利用者の反応は低下する場合もある。常に，計画を修正，変更し，現在の状態に最も適した介護サービスを提供する必要があ

る。介護計画は定期的に効果判定をし修正していくことが望ましい。決められたことを行うだけであれば、プロフェッショナルとはいえない。

利用者の日々の変化に気づき、介護士の視点で利用者の問題点は何なのか、何を提供すべきか、どうすればQOLを高めることができるか、介護士として、「常に考える姿勢」が求められる。

(5) 介護職チームから多職種協働チームへのコミュニケーション

先の事例をもとに、介護職チームから多職種協働チームへの広がりについて考えてみる。

「窓を開け、花の話をし、屋外まで歩いてもらう、またそれをきっかけに表出されるようになった訴えを傾聴する」と、利用者Dさんのこれまでにない反応を引き出すことができる。その気づきを、介護職チームの中だけにとどめるのではなく、介護職から多職種へつなげることが大切である。

例えば今日起こった状況を生活相談員を通して家族に伝え、家族とともに喜び、家族からどのような花が好みなのかを聞き出し、好んでいる花を持ってきてもらいお部屋に飾ると、Dさんはさらに喜ぶだろう。利用者の喜びは、家族にとっても喜びであり、家族が介護に参加することにもつながる重要な連携である。

今後、Dさんがベッドから離れ、外で時間を過ごせるように、理学療法士（PT）や作業療法士（OT）の助言を得ながら、座位保持を支える福祉用具（ティルト・リクライニング機能つきモジュラー車椅子など）の導入を検討することも一案である。また、花をきっかけに屋外を歩くことはリハビリテーションを進めるうえでも役立つ情報となる。

介護職だけではできないことでも、多職種の力を統合することにより可能となる。また、介護士は利用者と接する時間が長く、情報を一番多く持っている。その情報は多職種協働を行ううえでの貴重な情報とも言え、その情報を持つということは介護職の強みであるともいえる。

チームとは、その方針を共有し、同じ方向へ向けて互いの専門性をいかしながら協力し合うグループである。したがって、ここでリハビリテーション

専門職（理学療法士，作業療法士など）が専門職チームとして協働するのは，意義のあることである。

　チームのコミュニケーションの目的は，チームの力を引き出し，チームにより協働し支援をしていくことである。

　お互いの失敗をなぐさめ合ったり，不足部分を補うためにあるのではない。お互いが，相手の最大限の支援となるように働きかけることで，単一の職種で働きかけるよりも相乗効果で何倍もより良いサービスを利用者へ提供できるようになる。そのことがチームとしての役割であり，真髄であると言える。

　したがって，介護職からリハビリテーション専門職に対し，何を目的としているのか，どのような仕事をリハビリテーション専門職に期待するのかを明確に伝えることが重要である。そのためには，介護職もリハビリテーション専門職の職務を理解することが必要である。もちろん，職務への理解は，他の職種にも同様のことがいえる。

　このようにして多職種協働チームが互いの専門性をいかし合い，チームによる支援が動いていく。そこには，専門職間のコミュニケーションが不可欠である。逆にこれが不足していれば，互いの足を引っ張ってしまうことになりかねない。

2　チームのコミュニケーションの方法

　チームのコミュニケーションを進める具体的な方法として，「記録」「報告」「連絡」「相談」「会議」がある。介護職にとって，「記録」は情報を確実に共有し，継続的に，より質の高い個別支援を行うために大切なものであると同時に，介護福祉を業務とする専門職として記録を残す責務もある。

　「ホウレンソウ」と呼ばれることもある「報告」「連絡」「相談」は，コミュニケーションに重きをおきながら仕事を進めるうえでの基本である。どの仕事にも「報告」すべきこと，「連絡」しなければならないこと，「相談」すべきことがあり，さらに「会議」の場で関係者が集まって決定をしなければならないこともある。

これらがスムーズに行われると，正しく情報を整理・確認・判断して効率的に仕事を進めることができる。もし正しい情報が伝わっていなければ，間違った判断をしてしまうことになり，それは，介護者の安全に対するリスクを高めてしまうことにつながる。特に，介護福祉士の仕事は一人ではできない。また，勝手に進めることは危険を伴う。

　多職種協働において，介護福祉士としてチームのコミュニケーションをどのように図っていくのかは，利用者に対するケアの内容に大きく影響する。必要な報告や連絡がされなかったり，相談もなく，特定の介護職の判断だけでケアを進めることは，チームによる支援の方向性をゆがめ，利用者に不利益を及ぼしてしまうかもしれない。

　チームのコミュニケーションを円滑に進めるために，いつ，誰に報告すべきか，連絡しなければならないのか，どこまで自分で判断してよいのか，どのような時に相談すればよいのか，会議の目的や進め方などについて基本的な知識を得ておく必要がある。

(1)　記録

　介護の現場では，「伝え合うこと」（情報の共有）が大切である。そのための手段としては口頭で伝えることと記録に残すという方法がある。伝え合うために，最もよく行われているのは，直接，顔を合わせて，口頭で伝えることである。介護現場はシフト（日勤，夜勤，早番（はやばん），遅番（おそばん）など）を組んで勤務しているため，「申し送り」が頻繁に行われている。

　口頭で伝えることには，①書く手間がいらず簡便，②伝えたいことに優先度や重要度をつけて，話し手の判断とともに伝えることができる，③聞き手が正しく理解したかをその場で確認することができる，④すばやく短時間で伝えることができるというメリットがある。しかし一方で，申し送りや口頭による伝達は，その場限りで，その場にいない人には伝わらないというデメリットもある。

　介護職での記録はケア記録という。ケア記録は介護職の重要な仕事の一つであり，介護福祉を仕事とする専門職としては，介護実践の過程を証拠記録

として残す責務がある。ケア記録の目的は，利用者の状況を把握すること，提供した援助内容がわかるようにすること，口頭による伝達の限界を補うこと，他の専門職と情報を共有化することなどが挙げられる。

最大の利点は，その場にいない人にも確実に情報を伝えることにある。残したケア記録は，介護するチーム全体で共有し，今後，スタッフが交代した時でも，継続的で一定の質を保った介護を継続して提供するために活用される。

よりよいケア記録を残すためには，介護職として，利用者の行動を観察し，分析し利用者の求めていることを的確に捉えようとする能力が必要となる。また記録を残す際は，スタッフ間で，書き方を決めておく必要があり，そのための方法として「SOAP」がある（p.173参照）。

ケア記録は，利用者の個人情報や家族の情報なども記録される。介護職にも個人情報保護法に基づいて秘密保持義務が課せられている。そのため，細心の注意を払って管理することが求められる。

(2) 報告

仕事は，誰かから頼まれることで始まる。新人の頃は仕事を頼むより頼まれることのほうが多いだろう。

報告は，頼まれた仕事（責任を持って担当した事柄）の進行状況や結果について，仕事を頼んだ人に対して行う。つまり，頼まれた仕事は結果をその人に報告することで完結するといえる。頼まれたことを実行しても，その事実を相手に伝えなければ仕事を終えたことにはならないのである。報告は，次の仕事へ進むための重要なステップであるといえる。

報告は，良いことだけを伝えるものではない。仕事をするうえでの失敗やトラブル，事故が生じた時は，すぐに上司などへ報告し，どのように対処すればよいのか，判断を仰ぐ必要がある。自分のミスを正直に伝えることは勇気がいることかもしれないが，安全なケアを遂行していくうえでの責務である。

しかしながら，事実を伝える際に，自分の解釈が入ってしまったり，事実

とは違うことを言ってしまうと，報告を受けた側が誤った判断をしてしまい，大きな問題に発展してしまう場合もある。また報告せずに，自分勝手に物事を進めることがないように，心がけることも大切である。

(3) 連絡

連絡は，これからの予定やスケジュールを伝えるだけでなく，チームのメンバーとの連携を強化するためにある。申し送りも重要な連絡方法で，24時間体制で引き継ぎを行う場合に，利用者の状態を把握するためには不可欠な手段であるともいえる。

5W1Hの要素（いつ，どこで，誰が，何を，なぜ，どのような方法で）を使って的確に連絡をすることが大切であるが，そのために，働いている場所でどのような方法で連絡が行われているか事前に確認しておく必要がある。

連絡は，自分の仕事をうまく進めるために行ったり，周りのスタッフの仕事を助けるためにも行う。直接関連のある部門で行うことが多いが，必要時は，他の部門でも行うこともある。そのために，日頃から他部門のスタッフともコミュニケーションをとっておくことが望ましいといえる。また，状況や伝える内容，緊急性に応じて，メモが良いのか，口頭が良いのか，またその他の手段も考え利用していかなければならない。いずれにせよ，事実が正しく伝わることが大切である。

臨床現場でよくある連絡不足としては，ついうっかりというものが少なくない。連絡する相手が忙しかったり，自分自身が手が離せなかったりして，タイミングを逃したり，後で連絡しようと思い，忘れてしまうこともある。連絡不足は時に，重大な事故に発展する。忘れないためにもメモをとるなどの工夫が必要である。

(4) 相談

相談は，仕事をどのように進めたら良いのか自分で判断できなかったり，不安で迷ったり，助言や指導を得たい時，上司や仲間に指示を仰ぐことである。また，情報が必要な時にも相談する。新人の頃は，経験が乏しく，何を

行うにも自信が持てず，自己判断ができないのは当たり前である．迷っている時に，独断で実行すると大きな事故につながる場合がある．対象は物ではなく，尊厳のある一人の人間であって，中途半端な気持ちで物事を進行することは避けるべきである．

特に，臨床現場で新人が起こしやすい失敗として，仕事に少し慣れてくると，上司に今更こんなこともわからないのかと思われるのが嫌で，わからないまま実行してしまう，あるいは，相談しやすい同期の新人と相談し合い，実践し結果として失敗することがある．相談する場合には，その相談相手も選ぶ必要がある．自分と同じ経験や知識しかない相手との相談はリスクが伴う．日頃から上司とコミュニケーションをとることを心がけ，相談しやすい環境づくりを普段から確立しておくことが，困った時に役に立つことになる．

(5) 会議

関係者が集まって，情報を共有し，協議のうえで，物事を決定するのが会議である．組織において，最も重要でお互いの意思を伝える伝達手段としての場ともいえる．

介護現場では，居宅サービス計画（ケアプラン）を作成するために，ケアマネジャーやサービス担当者が利用者宅などに集まって，誰が何を担うのかを調整するサービス担当者会議，介護施設や訪問介護などで利用者の個別援助計画を検討するケアカンファレンス，職場を運営管理していくためのミーティングや委員会などの会議が開かれている．会議は仕事の一部である．どのように参加するか，どう運営するか，どう活用するかを理解しておく必要がある．

(6) SOAP（ソープ）

① SOAPとは

SOAPとは頭文字で，「Subjective, Objective, Assessment, Plan」の略である．SOAPの文字の各々が分類項目になっている．以下の4つに分割される．

S：Subjective（サブジェクティブ）

　主観的な情報のことである。つまり，対象者の現在の状態と関係のある情報で，利用者・家族などが訴えたことや，その時の事実をそのまま記載する項目である。

　主観的情報は，対象者の正確な評価をするためにも必要なものである。また，客観的な情報とに相違がある場合には，なぜくい違いがあるのかアセスメントしなければならない。

O：Objective（オブジェクティブ）

　客観的な情報のことである。客観的所見，つまり，自分の目で観察したこと，聴いたこと，体験したことを記載する。過去に記録した情報との比較をすることが可能である。

A：Assessment（アセスメント）

　入手した主観的情報，客観的情報に基づいた介護職の分析あるいは考察をさす。客観的な情報に加味された介護職の専門的な判断結果をいう。介護における主要な問題点を要約する場となる。

P：Plan（プラン）

　この項目で扱われるのは利用者の介護計画である。上記の事実，結果に基づいた計画を記載する。介護計画は一つとは限らない。また，計画は常に同じで良いとは限らない。必要があれば，修正・変更をしていく。そのため，修正・変更を加えた事項などを盛り込む場ともなる。

　「SOAP」を活用すれば，どのような内容でも，伝え手と読み手の双方が理解しやすい情報共有ができる。

　SOAPを活用するためには，介護職自身が利用者の情報を正確に入手し，分析していく能力が求められる。さらに，介護職自身が，介護過程で，SOAPの記載方法を理解し，応用していかなければならない。そのためには，学校や臨床現場において，ある程度の訓練が必要になる。

　②　SOAPを活用した記録の書き方

　利用者Aさんは週に1度しか入れないお風呂を楽しみにしている。しか

し，体温測定をすると微熱があり「少し熱っぽい」という訴えもあった。

スタッフは，看護師と相談し，いつもより短時間で入浴をして，入浴後は休むよう促した。

これをSOAP形式で記載すると以下のようになる。

S：入浴が楽しみだわ。でも，今日は少し熱っぽいのよね。でも，なかなか入れないからどうしても今日入浴したいの。

O：体温：37.5℃，脈拍76回/分（1分間に76回），血圧120/70mmHg。軽い熱感を自覚しているが，週に一度しか入浴できず，本日の入浴を楽しみにされている様子。

A：微熱があるが，その他のバイタルサインには異常は見られない。

P：いつもより，短時間での入浴をして，入浴後は休んでもらう。看護師と連携し，熱感について再度確認しておく。

SOAPは，利用者の問題を特定し，その問題を解決するために介護職としてどういう働きかけを行うのかを考えるための手段だといえる。

3　介護記録

(1)　介護における記録の意義と目的

①　記録の意義

介護の現場で，利用者に対する支援を行う際，介護職が記録をとることは大変重要である。介護の場が居住施設，通所施設，利用施設，あるいは在宅であっても，チームワークで介護の業務を進める場においては，「記録」を介することによって統一した介護実践が展開できる。新たに担当者として引き継ぎを受けたとしても，あるいは急に代理要員として担当を任されたとしても，利用者に対する記録が適切にとれていれば，介護職はその記録を見て支援を行うことができる。

生活支援を展開するうえで，その実践過程を記録することは，とても重要なことである。介護職員や訪問介護員などが行った介護実践がその時々にど

のようなものであったかを後で検証しようとしても，記録が整っていなければ正確に検証することは不可能である。人の記憶や解釈は曖昧なことが少なくない。とりわけ，複数の介護職がかかわっている場合，その介護実践の過程をできるだけ客観的に記録するには，高い専門性が必要である。また，介護実践の過程が記録されていなければ，介護職がどのような実践を行っているかが他の専門職や利用者家族にもわからない。

　国家資格を持つ介護福祉士は，介護のプロとして高い専門性を発揮することが求められている。介護の記録はその専門性を如実に表すものである。考えてみれば，医師は自らの医療行為をカルテ（診療録）に記載する。同様に，看護師は看護行為を看護記録に記載する。理学療法士や作業療法士もカルテにリハビリテーション記録として，検査した内容や治療結果を記載している。

　このように，専門性を有する人々は，自らの支援過程を記録にとどめることによって，支援を必要とする利用者に対して適切な支援を行っていることを証拠（エビデンス）として残す。記録が整っていれば介護の正当性を証明することにもなる。

　② 記録の目的

　介護における記録の目的は，以下の8つが考えられる。

　1） 利用者の生活の質を向上させる

　介護記録の第1の目的は，「利用者の生活の質を向上させるため」である。利用者の生活の継続性を重視することは，生活支援を展開するうえでとても重要である。特に，在宅生活から施設生活への転換を余儀なくされた入所当初の利用者にとっては，生活環境の激変は居心地が悪く，不安に駆られやすいものである。人は生活文化の中で生の営みを送っている。その安定した生の営みは，生活の継続性を基盤にして初めて可能になる種類のものである。

　介護老人福祉施設などにおいては，本人が施設に入所する前に，施設の職員が出向いて訪問面接を行っている施設も少なくない。これには生活相談員や介護主任，看護師などが同行する場合もある。家庭訪問の記録は，利用者の生活状況，家庭内の人間関係やその他の人間関係の交流状況，利用者の生活日課，生活習慣，嗜好物，趣味・特技などを記録し，その情報を共有する

ことによって，施設生活においても可能な限りその人の日常生活の継続を基盤として，家庭内では得られない専門的サービスを施設で享受することにより，利用者の生活の質を向上させるためのツールとなる。

2）　より適切な介護サービスを利用者に提供する

介護記録の第2の目的は，「より適切な介護サービスを利用者に提供するため」である。施設現場でみられる記録のいくつかは，利用者の行動に視点をあてただけの記録になっていることが少なくない。介護実践の内容を伝える記録は，利用者の行動だけではなく介護職の応答的，意図的実践が記録に反映され，共有されていることが必要である。

3）　介護福祉サービス提供機関や施設の運営管理

介護記録の第3の目的は，「介護福祉サービス提供機関や施設の運営管理のため」である。介護福祉機関や施設は，社会の付託による設立目的に沿って事業を行っている。帳簿の整備や記録の管理は，社会的使命を果たす目的をもっている機関や施設では当然の社会的義務である。

支援内容に関する記録がなければ，介護職が利用者に対してどのような介護支援実践を行っているか施設長はつかめない。機関や施設の運営管理が適切に行われるには，さまざまな記録を整備していることが重要になる。また，介護サービス提供機関・施設は苦情や問い合わせがあった場合には，家族や社会に対して介護の実践内容についての説明や公開を行う責任がある。

4）　介護福祉士を養成し教育するための教材となる

介護記録の第4の目的は，「介護福祉士を養成し教育するための教材となるため」である。例えば，ある事例において，逐語記録，経過記録，要約記録という3種類の記録を書かせることによって，経過記録や要約記録で失われていくものは何であるかを理解させたり，発言内容への気づきを促す手法などがある。

5）　介護福祉士のスーパービジョン

介護記録の第5の目的は，「介護福祉士のスーパービジョンのため」である。スーパービジョンは，熟練した主任介護福祉士などのスーパーバイザーと経験の浅い介護職員であるスーパーバイジーとの間で繰り広げられる活動であ

る。それは、管理的、教育的、支持的機能を駆使して展開されるキャリア形成を促進する支援方法である。スーパーバイザーはスーパーバイジーの職務の向上を図るために、スーパーバイジーのかかわったケースについて記録を書かせ、それをスーパービジョンの素材として活用することにより、気づきを促し、自信を持たせる。

　例えば、記録用紙に5分の1、5分の3、5分の1の割合で縦に線を引き、左の欄にはスーパービジョンを受けるスーパーバイジーのコメントを記入し、中央の欄には逐語記録や経過記録を記入し、右の欄には、スーパーバイザーのコメントを記入することによって、スーパービジョンの素材として活用することができる。

スーパーバイジーコメント	逐語記録・経過記録	スーパーバイザーコメント

6)　介護福祉に関する調査や研究

　介護記録の第6の目的は、「介護福祉に関する調査や研究のため」である。対象者のADL（日常生活動作）や精神機能の程度、できるだけおむつを使用しない工夫をした時の変化、認知症高齢者に小動物とかかわる時間を設けた場合にみられる変化などの記録があると、かかわった時の反応を証拠（エビデンス）として記録することになり、量的・質的調査研究に生かすことができる。

7)　既存の介護福祉の知識の評価や新しい介護の知識を生み出す

　介護記録の第7の目的は、「既存の介護福祉の知識の評価や新しい介護の知識を生み出すため」である。これは、意図してこの観点から記録を取る場合もあるが、多くは日々の介護福祉実践を記録化していく中で、結果的に生まれてくるものである。いままでの介護福祉士の知識では直面する問題に対応できなくなると、新たな対処法が求められる。この新たな対処法が介護記録の中から発見されることも少なくない。記録内容が知識の見直しや知識の産出に貢献する。

第12章 介護におけるチームのコミュニケーション

8) 介護福祉にかかわる統計や社会福祉全般の向上

介護記録の第8の目的は,「介護福祉にかかわる統計や社会福祉全般の向上のため」である。「食事」「排泄」「入浴」「着脱」「移動」などの介護に関する統計は,今後の介護福祉に役立てられる。記録内容が否定的内容(ネガティブ・データ)を示すものであったとしても,それを記録していることによって,新たな観点が導入され,肯定的内容(ポジティブ・データ)に取って替わる有力な材料となる。

例えば,「Kさんは文句の多い利用者です」と書くと「不平不満の多い利用者」としてKさんをネガティブに捉えがちだが,「Kさんは自分や多くの人が改善してほしいと思っていることなどをうやむやにするのではなく,他者の代弁も含めて主張することができる。自分たちのニーズを適切に伝えることができる人です」と書くと,Kさんの持っている強さを表現でき,Kさんをポジティブに捉えることになる。

(2) 介護における記録

フェイス・シート

フェイス・シートとはフロントシートともいわれ,介護福祉記録の最初のページに置かれているもので「第一面」「ケース台帳」などと呼ばれている。フェイス・シートの様式は,この第一面を見るだけで利用者の概要を把握することができるようにさまざまな工夫が施されている。

フェイス・シートの様式や書き方は,それぞれの施設や機関によって異なる。入所施設の場合は,氏名,生年月日,年齢,要介護度,居宅介護支援事業所(事業所名・電話番号・担当者名),主治医(氏名・病院名),障害者手帳(有無・種別・等級),入所前の生活状況,入所における本人・家族の要望,家族構成,入所に至った理由,住宅状況,緊急連絡先(氏名・電話番号・続柄),サービス利用状況,身体状況,食事状況,排泄状況,服薬状況,現病歴,既往歴,特記事項などが書かれている。

(羽柴香恵)

第13章
介護場面における対象者・家族とのコミュニケーション

第11章では、コミュニケーションの基本について学び、第12章では介護におけるチームのコミュニケーションについて学んだ。本章では、介護の対象者とその家族とのコミュニケーションに焦点をあてている。対象者や家族との良いコミュニケーションを成立させるためには、まず他者を理解することから始まる。本章においては、他者を理解することの重要性とコミュニケーションの目的に応じたそれぞれの技法を学ぶ。

1 対象者・家族との関係づくり

介護保険の導入に伴い、日本の風土の中にも福祉に対する理解が深まり、定着しているように思える。いま、福祉制度に対してどのような評価がなされているかを見ると、下記の表のようになっている。

項目	割合
自分にあったサービスを利用することができるようになった	31%
自宅で生活を続けることが可能になった	25%
家族の介護負担が軽くなった	39%
業者を選ぶことができるようになった	12%
サービスの質がよくなった	12%
サービスのメニューが豊富になった	11%
気兼ねなく利用できるようになった	34%
利用者負担が減った	3%
相談窓口がひとつになり、相談しやすくなった	22%
(ケアマネジャー等に)要求・苦情を言いやすくなった	29%
その他	10%

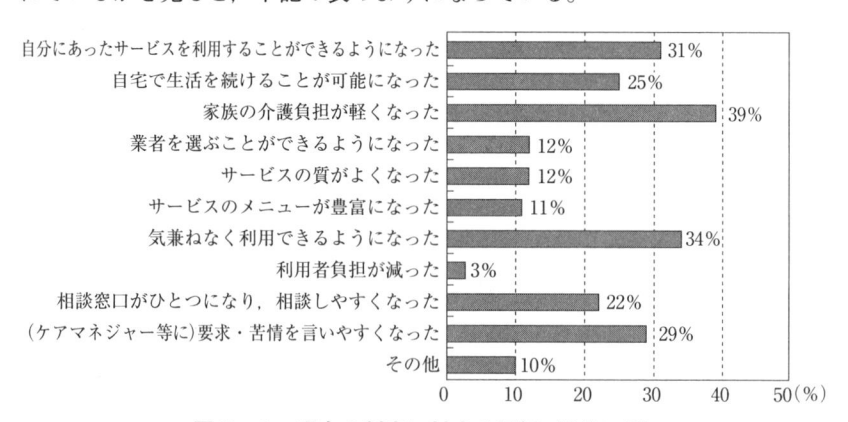

図13-1 現在の制度に対する評価 (複数回答)
出典:厚生労働省老健局『平成15年版 厚生労働白書』

第13章　介護場面における対象者・家族とのコミュニケーション

これを見ると,「家族の介護負担が軽くなった」「気兼ねなく利用できるようになった」が30％を超えているのがわかる。その一方で「サービスの質がよくなった」がわずか12％にとどまっている。

さらに,介護を受けたい場所の質問に対しては,「住み慣れた家で介護を受けたい」という人が圧倒的に多いことがわかる（図13-2）。

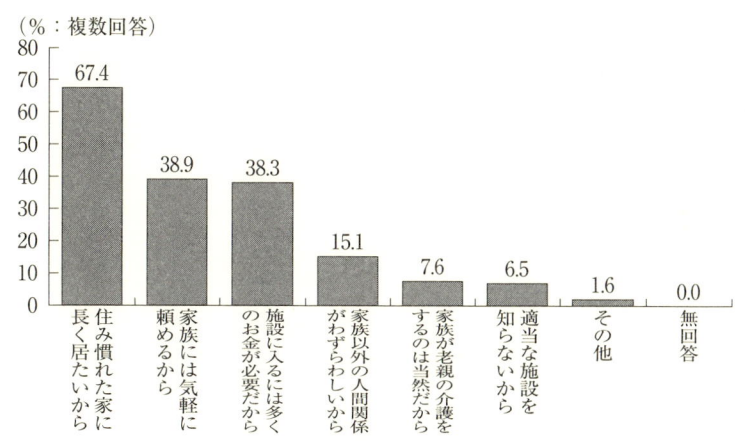

(％：複数回答)

項目	％
住み慣れた家に長く居たいから	67.4
家族には気軽に頼めるから	38.9
施設に入るには多くのお金が必要だから	38.3
家族以外の人間関係がわずらわしいから	15.1
家族が老親の介護をするのは当然だから	7.6
適当な施設を知らないから	6.5
その他	1.6
無回答	0.0

(備考)　1. 内閣府「国民生活選好度調査」(2001年)により作成。
　　　　2.「あなたは,老後に介護が必要となった場合,どこで介護を受けたいと思いますか。次の中からあなたのお考えに近いものをお答えください。」という問に対して,「在宅」と回答した人で,「在宅で介護を受けたいと思う主な理由を2つまでお答えください。」という問に対する回答者の割合（複数回答）。
　　　　3. 回答者数は2,186人。

図13-2
出典：厚生労働省老健局『平成15年版 厚生労働白書』

また,高齢者の介護を担うのは誰が望ましいかに対して（図13-3）は,「配偶者」や「娘」「施設型介護」と多様化しているが,現実は配偶者や息子の妻が主体になっている。配偶者が高齢化するにつれて息子の妻が占める割合は高くなっていくと考えられる。

つまり,住み慣れた家で家族の負担が少なく,質の良い介護を,気兼ねなく受けたいというニーズに応えるには,何が必要であろうか。介護者にどんなに温かい思いやりがあったとしても,どんなにやさしい気持ちがあったと

(％：複数回答)

■ 望ましい担い手
□ 実際の担い手

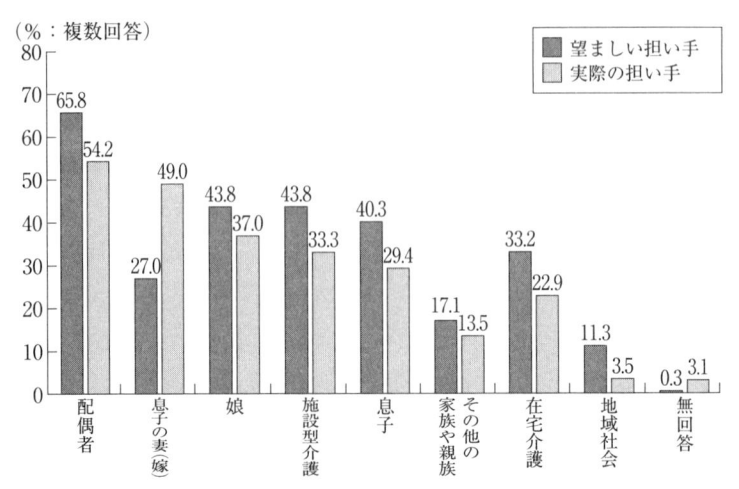

配偶者 65.8 / 54.2
息子の妻（嫁） 27.0 / 49.0
娘 43.8 / 37.0
施設型介護 43.8 / 33.3
息子 40.3 / 29.4
家族や親族 17.1 / 13.5
その他の在宅介護 33.2 / 22.9
地域社会 11.3 / 3.5
無回答 0.3 / 3.1

（備考）　1．内閣府「国民生活選好度調査」(2001年) により作成。
　　　　2．「望ましい担い手」は，「あなたは，高齢者の介護は，誰が担うのが望ましいと思いますか。次のうち，あてはまるものすべてお答えください。」という問に対する回答者の割合（複数回答）。「実際の担い手」は，「では，あなたの身の回りでは，高齢者の介護を実際に担っているのはどのような人たちですか。あてはまるものすべてお答えください。」という問に対する回答者の割合（複数回答）。
　　　　3．回答者は全国の15〜79歳の男女3,988人。

図13-3

出典：内閣府『平成13年版 国民生活白書』

しても，その思いが相手に伝わらなければこのニーズを満たすことはできない。この双方に良い介護関係を築くのに必要なのは介護を受ける人と介護をする人の良い人間関係が鍵になる。この鍵になるのがコミュニケーション技術である。

　ここで気をつけなければならないのが，日本文化に深く根ざしている「阿吽の呼吸」で通じると思うことである。しかし，この「阿吽の呼吸」で通じるということは不可能に近いと認識すべきであろう。生きてきた環境も，時代も，価値観もすべて違う相手とのコミュニケーションである。さらに，身体が不自由になったという負い目を，多くの人が持っていると考えることも必要である。介護の効果を促すために対象者・家族とのコミュニケーションをどのようにするのかについて考えることにする。

2 対象者・家族とのコミュニケーションの実際

(1) 話を聴(き)く技法

「聴く」という文字には身を入れてきくという意味があり,「聞く」にはない「心」という文字が含まれている。「聴く」ことは,一見簡単なことのようで,とても難しい作業である。

聴くことによって初めて,「いま困っていることは何なのか」「日々の生活の中で最も重要なことは何なのか」を知ることができる。そこで初めて介護する者が何をすればいいのかが把握できるのである。身体が不自由になって抱(かか)えることになったいろいろな体験を聴くことで,その人の持つ人生観や家族とのこと,どんな気持ちでいまを過ごしているのかを知ることができる。「個々の人が体験している日常のこと」を,どこまで理解できるかは,対象者の話をどこまで聴くことができるかに左右されるのである。

それでは,どうすれば「個々の人が体験している日常のこと」を聴くことができるか。それは「その人の体験している日常のことを知らない」ということをまず自覚することである。「生きてきた環境も,時代も,価値観もすべて違う相手」であることを認識する必要がある。同じことを体験していても感じることは人それぞれである。何を感じているのかは聴いてみないとわからない。このことをふまえて,自分の意見や感じ方のみで判断をせず,知らないことを聴く努力が必要である。

(2) 対象者の感情表現を察する技法(気づき,洞察力,その他)

話を聴いている時,「本音」や「本心」,または話の「核心」に触れていない,何だか「心ここにあらず」という感じだったり,「何かを隠すよう」な感じだったりと,いろいろな様子を感じることがある。人には「話したくないこと」や「簡単に話せないこと」もある。話せない内容は個人的なことや家族のことなどであり,話せない理由も,その話をするのが恥ずかしい,怖い,

つらいなどいろいろである。おかれている状況や立場上話せないという場合もあるだろう。

　中には，本人が「本当に話したいこと」に気づいていない場合もある。そんな時に特徴的なのは，「同じ話を繰(く)り返す」「そわそわしていて居心地悪そうにしている」「話題から少しずれた返事しかしない」「他人のことや状況のことばかり話す」などがある。このような時は無理に知ろうとしないで，まず対象者の感じている感情や情緒を感知し，それをそのまま受容することである。内容を知るには，対象者に言語化してもらわなければならない。しかしそれには限界がある。感情には言語化できるものとできないものがある。また，表現しようとする意思がある時とない時もある。また言語化できる能力のある時とない時もある。

　コミュニケーションや議論は，言語を中心に行われることが多く，非言語的サインは後回しにされることが多い。しかし，実際には非言語的サインは言語の背後に隠れたものと考えることができる。それは同時に言語を支えてもいるものと言うことができ，つまり言語と非言語的サインは表裏のもので，切り離すことのできないものである。

　「感情表現を察する力」は，人の持つ感情や顔の表情を，「嬉しい」「悲しい」などの言語に置き換え，経験と結び付けて培(つちか)われる。相手の発する言葉の表面的な意味を理解するだけでなく，相手の言葉，態度などをその場の状況に照らし合わせ，相手が考えていることを推測することが必要である。

　私たちは，「本音と建前」という表面的な言葉や態度の裏に本音があるということや，ものを頼む時には腰を低くして頼むといったことを学び，身につけている。言い換えれば，この能力は，相手の話を聴きながら，自分の過去の経験をその状況に照らして考え合わせ，そのときどきの相手の気持ちをおしはかるということである。

　もし，他者とかかわる経験が少ない場合やいろいろな「場」の経験を持たないと，このような推測は大変困難を伴うことになる。

　さらに，人はたとえ相手の感情表現を察したとしても，自分の感情を優先したり，共感を示さないなどその場にふさわしい行動が意に反してとれない

第13章　介護場面における対象者・家族とのコミュニケーション

場合もあることを知ったうえで，話を進めていくことが大切である。

(3) 納得と同意を得る技法

　実際に話をする時，まずは話すことを聞き取ってもらう必要がある。そのためには，「聞き手に声が届くようにする」「話す速度が速すぎないようにする」「できるだけ短い文で話す」「末尾まではっきり言葉に出す」「話に抑揚をつけて，単調になるのを避ける」などの技術が必要になる。

　また，話し手が一方的に話を進めるのではなく，聞き手とのやり取りをしながら進めるほうがより効果的である。

　これらの技法を取り入れながら，理解を深め，無理のない支援が見つけ出されることが望ましい。しかし，いわゆる「話が通じない」「わからない」というのは，言語を「知らない」ということばかりではない。「理解できない」ということがある。相手の眼をもってものを見る，考える，相手の立場に立つ，というのは，相手の見方，気持ち，事情について理解するということであるが，この理解ができていない場合である。

　さらに，頭ではわかっていても，納得，同意ができないことがある。頭では理解できていても同意できない例として，感情的に拒否反応を示している場合や，同意する意志がない場合などがある。

(4) 意欲を引き出す技法

　コミュニケーションとは，相手の意欲を引き出すための技法の一つでもある。私たちが対象とする人々は，不自由さを取り除くことよりも，その不自由さをどう受け入れて日常生活を送ることができるかといったことへのアプローチを必要としている。つまり，リハビリテーションも回復させることよりも，機能を低下させないように維持することに重きがおかれることになる。したがって，対象者自身の意欲が最も重要なポイントとなる。

　次に意欲を引き出すコミュニケーションの方法について下記に述べる。
・「ほめる（感謝する，ねぎらう）」→「叱る」→「ほめる（期待する，激励する）」という方法が効果的である

・「〜するな」という禁止ではなく，「〜しよう」と前向きな言い方の工夫をする
・「朝二回と夕方二回」などと具体的な言い方をする
・過去の成功体験に執着せず，他の人の体験談や本などから常に知識を吸収する姿勢を持ち続ける

など，日頃からの心がけが必要になる。日頃から繰り返し目標を確認し，ねぎらい，励ましながら続けていくことが大切である。「この人に認めてもらっている」という気持ちが大切である。

最後に注意する時に気をつけなければならないことは，
・ついでにあれこれと注意しないこと
・注意した直後や翌日は，相手の反応や効果を見守り，激励の言葉をかけることを忘れない

などを心がけることである。基本としては「ほめることは多く，注意することは少なく」することが，相手の意欲を引き出すことにつながる。

(5) 対象者本人と家族の意向の調整を図る技法

聴いた話から，日常生活で感じていることや困っていること，何を望んでいるのかを整理し，計画していかなければならない。

ここで大切なのは，対象者自身はどうなのか，家族はどうなのかを知らなければならない。対象者と家族の思いが一致していれば，ことはスムーズに運ばれるが，そうでないことが多い。また，対象者に良いと思うことは，建前では理解できるが，本音は別のことを望んでいることも意外に多い。それらを見極めながら，どのようにすることが対象者にも家族にも結果として良い支援になるかということを考えなければならない。勇気を持って，対象者や家族がどう思っているのか，その声が介護者に届くようなコミュニケーションをとっていくことが大切になる。

これらのことを，ある時は対象者のみに，ある時は家族のみに，また両者が揃(そろ)っている時にと，場面や人を変え，根気よく，コミュニケーションを繰り返していくことが望まれる。

(6) その他

コミュニケーションは、とても難しいものである。しかし、それを知っている人は、スムーズにコミュニケートができるのである。繰り返しになるが聴くことによって初めて、いま困っていることは何なのか、日々の生活の中で最も重要なことは何なのかがわかり、介護する者が何をすれば良いのかが把握できる。

身体の不自由を知らない者が、身体が不自由になって抱えることになったいろいろな体験を聴くことで、その人の持つ人生観や家族とのこと、どんな気持ちでいまを過ごしているのかを知ることができる。

対象者の障害の程度が高ければ高いほど、下記の表のように家族の心身への負担が大きくなり、ついには共倒れという最悪の事態を招くことになる。対象者は介護者あるいは家族の犠牲ではなく杖（支え）を望んでいる。

対 象 者	家 族
・以前の自分では考えられない事態に直面し自信をなくしている。 ・毎日リハビリを頑張っているのに回復のきざしが見えない、成果が現れてないと結論を急ぎ、焦ったり、失望を感じている。 ・家族や周りの人たちの自分への対応が違ってきた。 ・親しくしていた人たちが遠のいていき孤独を感じる。 ・自分は役に立たない人間なんだとすっかり自信を喪失している。 ・何に対してもやる気をなくし、人とかかわることも億劫となり、引きこもり状態から廃用症候群へとつながる心配がある。	・元気だった家族が障害を持ち、身体や言葉が不自由となり、時には別人のようになった。 ・どう接したらいいのかわからない。 ・最初は頑張ろうと思っていたが、対象者との意思の疎通がうまくいかない、自分の自由な時間が少なくなる、縛られていると感じ始める。 ・自分はこんなに犠牲になり頑張っているのに、消極的になっている姿が「甘えている、怠けている」と映り、厳しく接してしまう。 ・介護のイライラから家族の人間関係がぎこちなくなってしまう。 ・介護者自身が疲れ、ストレスなどで倒れてしまう。

こうした心の機微を捉え、家族の1人に介護を押しつけることがないよう、役割分担を考えられるように、すぐに協力を求められないなどの場合は、医療機関や福祉施設の活用を考えるなどして、ストレスを軽減するよう努めなければならない。自分の周りに、理解を示し励ましてくれる人がいることが意欲や勇気を取り戻すきっかけになる。

お互いの人格を尊重し、許す気持ちや感謝する気持ち、そして気分転換を

することによって，障害のある家族を抱えたことが，この後の人生が味わい深く，より良いものとなることも多い。

願わくは，介護の「素人の心を忘れない」で「素直さと謙虚さ」を見失わず，勇気を持って，対象者や家族がどう思っているのか，その声が自分に届くよう努力してほしいと願っている。対象者を一人ぼっちにしないことを心においてほしい。

3　対象者の状況・状態に応じたコミュニケーションの技法の実際

対象者は障害を抱えていることが多い。障害は内容だけでなく，その障害がいつ生じたものか（時期）によって，介護の方法が変わってくる。

中途での障害の場合は，体が突然動かなくなった時の戸惑いやショックが大きく，この状態から抜け出し，生活を再構築するには大変な労力と時間が必要になるといわれる。対象者や家族がどのような段階にいるのかを見極めながらの対応が必要になる。

先天的な障害の場合は，対象者も家族も長い年月障害と向き合っており，家族がそれなりの生活パターンを作り上げている場合が多い。したがって，対象者や家族が解決方法について考えを持っていることが多い。その場合は内容を把握し，リードするというよりサポートしながら，問題解決の方法を考えていくことが賢明である。しかし，従来の方法の延長線上で考えている場合が多いので，角度を変えた視点からの助言が効果を成すことがある。

これらをふまえたうえで，対象者や家族が何に困り，どのような問題を抱えているかを把握していくことが必要である。

(1)　感覚機能が低下している人とのコミュニケーション

コミュニケーションは言語の共有が中心になっている。しかし，人間の感覚細胞の70％以上が視覚の細胞に集中しているといわれる。したがって，視覚に障害があるということは，外界からの情報が非常に制限されているということを理解しておかなければならない。

第13章　介護場面における対象者・家族とのコミュニケーション

聴覚障害で音声の受信・発信の制限は強いストレスになる。中には読唇術を身につけて相手の言葉を理解している場合があるので，意識して口を動かすなどの配慮も必要である。とにかく，焦らず，辛抱強く対象者の声に耳を傾けることを優先しなければならない。

・聞く時は，先を急がない。言おうとしていることが予測できても，代わって言わない。言い間違えても，指摘したり訂正したりしない。
・話す時は，簡単な言葉や単語でゆっくりと話す。話題を次々と変えない。
・聞き返された時は，言葉を変える，ジェスチャーや文字や絵などを取り入れて表現してみる。

(2) 運動機能が低下している人とのコミュニケーション

運動の麻痺（まひ）が筆記に支障を来たしたり，筋肉の障害で発声に障害を生じたりすることがある。相手の言葉を理解する能力はあるのに自分から表現することが困難であるというアンバランスの状態になる。この場合は，コミュニケーションにおいて受け身になってしまうことが多い。積極的に発言の場をつくるなどの配慮が必要になる。

この時，「頑張って」や「その気持ちわかる」などの言葉は避けることが望ましい。「これ以上何を頑張れというのか」「そんなに簡単にわかった気になるな」など，反発の気持ちが生じることが多いのである。

(3) 認知・感覚機能が低下している人とのコミュニケーション

この障害で大切なのは，言葉がうまく話せない，通じない，健常者と違う行動をとるなどから，知的機能まで障害があると勘違いしないことである。ややもすれば，子供と同じような感覚で接する人もいるが，その人の尊厳を損なうことになる。

ここに，障害者の尊厳を守るという例として平成20年12月4日の産経新聞の介護をテーマに書かれた長門裕之さんの文章の一部を紹介したい。

「（前略）洋子の下の世話には対応せざるを得なくなっていきました。それ

は，とても複雑で，デリケートな問題で…。最初のうち，洋子は「紙おむつ」という言葉に傷ついていましたから，言葉を選びながら少しずつ近付いていきました。介護するときに大切なのは，相手の尊厳を守ることだと思うのです。私でも，介護が必要になったときに「はーい，おしっこに行きまちゅよ」なんて赤ちゃん言葉で話しかけられたら，腹が立つ。優しくしたつもりの言葉で傷つけているのかもしれないのです。(中略)

今では「おむつ」という言葉に過敏に反応しなくなりましたが，それでも，尊厳を守るために「おむつ」ではなく「パンツ」と言うようにしています。

そんな気遣いが彼女に伝わったら「ありがとう」と言われるはずなのですが，「ばーか」という言葉が返ってきます（苦笑）。その言葉が，私への感謝の言葉だと理解するようにしています。彼女が発する意味が通じない言葉の中にある感情や要求，それを見過ごさないようにしています。

介護をしていると，これまでの常識では理解できない現象にぶつかります。洋子が今日，私の名前を覚えていても，明日は期待できない。

それでも，洋子が忘れていく現象を「進化」と呼ぶようにしています。一般的には退化というのかも知れません。でも，自分の世界を造形している洋子は，私には進化しているようにも見えるのです。彼女の進化にあわせ，私も介護の進化をとげたい。そう思っているのです。」

これまでいろいろな障害コミュニケーションについてまとめてきたが，障害は一つであることは少なく，いくつかが複合していることが多い。この後，実際のかかわりの例題を紹介する。これまで述べてきた，対象者・家族に対するコミュニケーションのとり方として参考にしてもらいたい。

《事例紹介①》

91歳，男性。脳梗塞，前立腺肥大。転倒により，頭蓋骨の圧迫骨折を発症。その後もたびたび転倒を繰り返している。発語はなくうつろな目，無表情，夜間頻回に（5分おき）起き上がり，その後徘徊をする。歩行はパーキンソン様である。困った家族が悲鳴をあげ，ショートステイで預かってほしいと希望した。

第13章　介護場面における対象者・家族とのコミュニケーション

〈対応〉

　施設では夜間の徘徊に付き合い，行動の観察を続けた。自宅と同じように床に寝られるよう，カーペットや布団を敷いた。徘徊している様子をしばらく観ていると，ホールを左回りに歩いていることが多かった。転倒を防止するために，歩いているように机を並べて置き，伝い歩きができるようにした。また，これまで服用していた睡眠薬を中止した。職員は徘徊を続ける対象者をひたすら見守り続けた。こうした見守りの中に妻の参加も計画した。

　1ヵ月半経た頃，突然言葉を発するようになった。「ありがとう」から始まり，「奥さん（本人の妻），今日は帰ってください。僕が留守番しますよ」というように，単語的なものから，つながりのある言葉へと変化していった。また，笑顔も見られるようになった。発せられる言葉は，人を思いやるようなものが多かった。時間の経過とともに得意な将棋もできるようになっていた。こうした変化を妻は大変喜び，介護に希望を感じるようになった。また主治医との話し合いを持ち，脳の血流をよくする薬や，パーキンソンの薬，前立腺の薬などが開始された。

　4ヵ月経った頃から，妻の希望もあって自宅での生活を組み込んでいった。2日間を自宅で過ごし，2日は施設で過ごすというプログラムで開始し，現在に至っている。自宅ではトイレのドアを折れ戸にし，動線にあわせて手すりをつけるなど転倒による事故を考慮した環境を整えた。施設を活用することで自宅での生活が送れるようになった。

〈結論〉

　言語によるコミュケーションが取れない対象者とそれを抱える家族とのかかわりの例である。この事例は，対象者が何を訴えようとしているのかを行動から知ろうとしたものである。症状からいうと「夜間不眠による徘徊，ふらつきによる転倒」ということになり，「治療として睡眠薬の処方」ということになる。しかし睡眠薬は足元のふらつきを増し，転倒による事故につながることが多く，期待に対する効果が得られず，家族の疲労も極度に達し，パニックに陥る場合がある。愛し合う家族の中に亀裂が生じ，憎しみへと変わっていくこともあるのである。

第三者である介護者の参画により，対象者に大きな変化がみられた。また，家族との共同作業を計画したことにより介護者との信頼関係が築けただけでなく，介護者もより家族の関係や思い，対象者が障害を持つまでの人柄など数多くの情報を得られ，結果，予想のできなかった変化が得られた。

　91歳という高齢な対象者の残りの人生を，家族に見守られながら，家族の一員として暮らせるものに変えていったのである。徘徊の意味は知ることができなかったが，徘徊を止めなかったことで対象者のストレスを和らげ，対象者の持つ本来のやさしい性格を取り戻すことができたのである。

　介護する家族の心身の負担が和らぎ，穏やかに再び夫婦ともに生きていける保障が得られた事例である。最近は絵を描いて，そこに「奥さん（本人の妻）大好き」とコメントを入れることができるほどになっている。

《事例紹介②》
　63歳，女性。前頭葉腫瘍（ぜんとうようしゅよう）の手術後，認知症と診断を受け徘徊が激しくなる。医師からはこの病気は治らないと言われている。無表情で発語はほとんど見られない。握手すると両手で強く握り返すことができる。ご主人から，発病までは畑仕事をしていたとの情報を得た。

〈対応〉
　毎日散歩を計画した。畑仕事をして自然と過ごしてきた環境に近づけ，四季折々の変化を肌で感じられるように勧めた。また，介護に戸惑う（とまど）夫に対しては，子犬を飼ってもらうことにした。対象者には発語が見られないが，近所の人も子犬に声をかけながら，対象者にかかわりを持った。

　また，夫と買い物にも一緒に行くなど，従来の生活に脳への刺激を多く取り入れるようにした。また，本人を畑仕事に参加させるよう夫に依頼した。手の力があるのと，過去の経験が効を奏し，作業はスムーズに行われ，野菜などを作れるようになった。

　しばらくして顔の筋肉がピクピクと動くようになり，そのうち「ニヤッ」と表情が緩むようになった。その後，半年くらいで「ニコッ」に変わってきた。こうした変化にさらなる期待が高まり，意図的に積極的に話しかけるようにした。初めは，採れた野菜をおいておくだけであったが，「奥さん，ここ

第13章　介護場面における対象者・家族とのコミュニケーション

に野菜置きますよ」といった発語や，笑顔も見られるようになった。「この野菜の名前は何ですか」と聞くと思い出すこともできている。発病後，自宅を遠のいていた家族がその姿を見て驚いていた。

〈結論〉

脳への一番良い刺激は，自然の中で暑さや寒さを肌で感じることである。また，人と人が交わることで言葉が交わされる。感動や喜びのある環境の中に身をおき，それを体感し味わうことも良い刺激となる。健康な時に生活していた状況に近い状態の中で生活をすることが良い刺激になるのである。

今回は，過去の日常の中に身をおきながら，小規模多機能によるサービスを活用した。ここで子犬を家族として迎えたのは，対象者の障害発症により，家族が戸惑い，遠のき，残された夫に戸惑いと失望が見えたからである。動物は言葉を話せないが，飼い主の気持ちに敏感に反応をする。下記調査結果からも明らかなように，「気持ちがやわらぐ（まぎれる）から」「家庭内がう

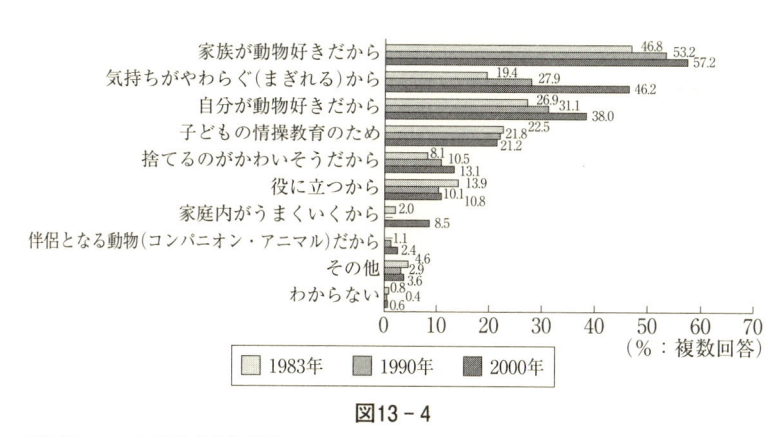

理由	1983年	1990年	2000年
家族が動物好きだから	46.8	53.2	57.2
気持ちがやわらぐ（まぎれる）から	19.4	27.9	46.2
自分が動物好きだから	26.9	31.1	38.0
子どもの情操教育のため	21.8	22.5	21.2
捨てるのがかわいそうだから	8.1	10.5	13.1
役に立つから		13.9	10.8
家庭内がうまくいくから		10.1	
伴侶となる動物（コンパニオン・アニマル）だから	2.0		8.5
その他	1.1	2.4	4.6
わからない	2.5 / 3.6	0.8	0.6 / 0.4

（％：複数回答）

図13−4

(備考) 1. 内閣府「動物保護に関する世論調査」(1983, 90年)，「動物愛護に関する世論調査」(2000年) により作成。
2. 対象はペットを飼っている人で，「そのペットを飼っている理由は何ですか。この中からいくつでもあげてください。」という問に対する回答者の割合（複数回答）。
3. 1983年の「伴侶となる動物（コンパニオン・アニマル）だから」，1990年の「家庭内がうまくいくから」は調査していない項目。
4. 回答者は全国の20歳以上の男女のうちペットを飼っている人で，1983年が2,755人，90年が2,646人，2000年が803人。

出典：内閣府『平成13年版 国民生活白書』

まくいくから」という割合が急速に増えている。

　動物を通して非言語によるコミュニケーションを学び，感情表現を察する技法のトレーニングを受けているのかもしれない。

　いつでも「ちょっと遊びに来たよ」と訪れ，お茶を飲んでおしゃべりをして帰ることができる小規模多機能施設の地域での役割が，大きく意味付けられている。対象者だけでなく家族も悩みを聞いてもらい，相談できることから，対象者と家族との関係も修復される。時には障害が家族の再編成に大きな役割を果たし，不幸でなく，充実した人生への幕開けとなることも少なくないのである。

《事例紹介③》

　81歳，女性。車椅子。留置カテーテル挿入中。無表情で首は前後15度位しか動かず，手で支えると上がるが離すと垂れる状態。留置カテーテルに対する医師の話は，「もう年だからバルーンは無理にはずさなくてもいいよ」とスタッフに目配せをする。医師の「もう年だからね」という言葉で車椅子生活を送り，食事も全介助（かいじょ）の状態であった。

〈対応〉

　入所を決心したものの心配があり，1ヵ月間は，夫と家政婦が一緒に寝泊まりした。家族が帰ってから，次のようにケアを開始した。

　本人の同意を得て，飲物，食べ物すべてにとろみをつけ，手にスプーンを持って食べるようにした。半年ほどで，自分で茶碗とスプーンを持って，こぼしながらではあるが，口に運べるようになった。

　さらに半年後，本人の希望もあったので，泌尿器科（ひにょうきか）を受診し，尿意があることを確認した。思い切って留置カテーテルを抜いた。そして，繰り返しトイレでの排泄（はいせつ）を試み，排泄の自立ができた。FUNレストテーブル（前傾姿勢支持テーブル）を使用して排泄をするうちに，大腿部（だいたいぶ）の筋力がついてきたことに気づいた。

　今度は，筋力を活用しての手引き歩行（本人と向かい合って立ち，両手を支えて歩かせる方法）を試みた。その後少しずつではあるが歩行できるようになっている。

第13章　介護場面における対象者・家族とのコミュニケーション

発語はまだないが，歩くことによって首が上がり，前を見ることができるようになってきている。

〈結論〉

医師の「もう年だからね」という言葉は，素人には絶対的な言葉である。しかし，何とか介護をしたいという夫も体力の限界からやむなく施設の入所を選ばざるを得なかった。対象者本人・家族のそうした気持ちを察しての対策となった。対象者は本心を隠し，現状に流されていく。ここにふみ込み，解決策を探していくというものであった。

すべて他人の力で生活していた対象者が歩き，排泄を自力でする。さらに食事を自力で行い，首が動き，大きく視野が広がった。人生が大きく変わったのである。

状況を整えさえすれば，夫とともに再び生活できることも可能になると思える。夫の妻に対する思いを感じ，夫が施設を選んだことを肯定しながらも，一度失望したものを取り戻し，新たな人生を歩み始めるきっかけをつくったこと，これは，その家族の人生を左右するものであり，介護する者の何にも変えがたい喜びなのである。

《事例紹介④》

80歳，女性（Aさん）。慢性中耳炎，難聴。補聴器を使用しているが，耳垂れが出ると使用できない。若い頃，夫を亡くし，一人暮らしをしていた。ある日泥棒に年金を盗まれ，この頃から，認知症状が進んでいった。自分の周りで人が話を聞いていると，自分の悪口を言っていると思う。一度思うと，周囲に大きな声で怒りをぶつけ，その怒りはなかなか治まらない。

〈対応〉

ある日の昼食後，Aさんは隣の席の人に対し突然怒り出した。怒りをぶつけられたWさんも怒り出し，けんかが始まろうとしていた。状況を把握していないスタッフ（男性）がAさんに冗談まじりに「うるさいなー」と言った。その一言でAさんの怒りは大噴火してしまった。

その状況を見ていた他のスタッフは，ちょうど前日に読んでいたバリデーション（認知症の人とのコミュニケーションの方法の一つ）*の本を思い出し

た。Aさんを手招きで食堂の外に出ようと誘った。Aさんはその誘いに対してすっと立ち上がりついてきた。Aさんの顔を見るなり「ひどいね」と声をかけた。するとAさんは「ひどいだろう」と答えた。Aさんは，その一言ですぐさま穏やかになった。

〈結論〉

自分の思っていたことに共感してくれたという安心感からか，すぐに穏やかになった。不穏な時に，その状況に共感するには，介護者である自分自身が穏やかな状態であることが必要であることをこの事例は教えている。常に対象者の思いに耳を傾け，共感できる心の余裕と，いつも「素人の心」で「知らない自分」を知り，学び続けていくことが必要である。また，自分一人で頑張らずに，チームを組むことによって解決が早まることも学ぶことができる。

《事例紹介⑤》

80歳，女性。数年前の脳内出血で右麻痺(まひ)となり，車椅子生活。言語による意思表示は，単語，短文である。自分の思い通りにならないと感情的になり，手をつねる，手をたたくなどの行為がみられ，他者とのコミュニケーションに支障がある。ADL（日常生活動作）の能力低下による生活上の支障がみられる。

〈対応〉

本人の訴えや，何に対してどのような動作をしようとしていたのかを細かく観察し，分析することにより対応方法を統一した。

・糖尿病のため食事が制限されている。飴(あめ)が好きだが，食べられないというストレスがみられた。本人と話し合い，朝夕時間を決めて一個ずつ食べることを計画し，解消された。

・人をたたくことについては，そのつど話しかけてみると，反省がみられる。そこから，自分で，してはいけないことに結びつけることができた。そうした本人の意思を尊重し，繰り返し，そのつど話しかけていくうちに改善

＊　尊敬と共感を持ってかかわることを基本とし，尊厳を回復し，引きこもりに陥らないように援助する方法。

第13章 介護場面における対象者・家族とのコミュニケーション

がみられた。
・車椅子からの移乗動作については，見守りないし一部介助で行っている。車椅子を自操されるが，ブレーキをかけないまま突然立ち上がるので転倒の危険性がある。これに対しては，本人と話し合い，布団にタンバリンをつけることを了解してもらった。起き上がった時の動作が早期に発見できるようになり，安全な生活を取り戻しつつある。

〈結論〉
　一つひとつ本人の意思を確認し，職員の対応方法を統一することで混乱なく生活ができるようになった。コミュニケーションの障害から，一人ぽっちになり，寂しさややるせなさが，障害に拍車をかけていた例といえる。
　対象者の声に心を傾けて聴くことで対象者自身に持っている力が発揮され，自然に解決につながっていることが多かったことは，介護するわれわれにとっても驚きであった。相手を尊重し，相手の意欲を引き出すこと，それが今回は，対象者と頻回に接することであったと思える。

（石﨑利恵・川合百合子）

索　引

ア

IADL　56, 85
アウト・リーチ　84
アカウンタビリティ　34
アセスメント（Assessment）　85, 174
アドボカシー　58
アルツハイマー病　69
安全管理　129
安全の欲求　72
EAP　103
医師　104
一般医　104
一般診療所　115
医療ソーシャルワーカー　102
医療モデル　55
インテーク（intake）　85
インフォーマルサービス　107
インフォームド・コンセント　57
インフルエンザ　141
受け手　153, 158
衛生管理　138
ADL（日常生活動作）　56, 76
栄養士　105
エンパワーメント　57, 82
老い　41
送り手　153, 158
Objective（オブジェクティブ）　174

カ

会議　173
介護　15
介護給付　88
外国人介護福祉士　24
介護計画　166, 174
介護支援専門員　103
介護従事者　118
介護福祉士資格　24, 33
介護福祉士の義務　30
介護福祉士の定義　29
介護福祉士の登録者数　14, 36
介護福祉士養成施設ルート　33
介護報酬　95
介護保険サービス　88
介護保険制度　29, 88
介護予防　64
介護予防サービス　64
介護予防マネジメント　109
介護老人保健施設　24
介助環境　145
介助動作　143
介助補助具　144
改正「社会福祉士及び介護福祉士法」　29
家族　180
家族・世帯構成　70
価値観　67

索　引

看護師　104
観察　126
感染経路　134, 139
感染症　133
感染予防　133
記憶障害　69
気管支炎　142
義肢装具士　106
技術吏員　112
QOL（生活の質）　42, 56, 82
救急医療　115
居宅介護支援　89
居宅介護住宅改修　89
居宅サービス　89, 99
居宅療養管理指導　89
記録　170, 175
緊急連絡システム　129
空気感染　136, 140
クオリア　78
区分支給限度基準額　96
ケア・ハラスメント　19, 20
ケアプラン　84
ケアマネジメント　34, 81, 82
契約制度　17, 58
結核　141
健康運動指導士　163
健康観　67
健康管理　137
言語的コミュニケーション　13, 159
言語療法士（ST）　17, 105
見当識障害　69
現任研修　38
権利擁護　34, 111

高額介護（予防）サービス費　96
交流分析　148
高齢化社会　65
高齢社会　41
高齢者保健福祉10ヵ年戦略（ゴールドプラン）　83
国際生活機能分類（ICF）　83
個人情報　121
個人の尊重　46
5W1H　172
国家資格　12, 28, 31, 118
固定的性別役割分担意識　20
コミュニケーション　152, 162, 184

サ

再アセスメント　87
作業関連運動器障害　143
作業関連筋骨格系障害　143
作業療法士（OT）　17, 105
Subjective（サブジェクティブ）　174
算定基準　95
CDC　139
歯科診療所　115
自己決定　46, 52, 53, 82
自己決定権　46
自己実現　53, 71
自己実現の欲求　72
自己責任　53
事後評価　87
資質向上の責務　31
施設サービス　99
自尊・支配の欲求　72
市町村特別給付　88

市町村保健センター　112，114
社会福祉協議会　103
社会福祉士　28，101，109
社会福祉士及び介護福祉士法　28
社会福祉士及び介護福祉士法等の一部を改正する法律　29
社会福祉士の定義規定　30
終結　87
周辺症状　69
主観的な情報　174
主任ケアマネージャー　109
守秘義務　121
手話通訳士　103
生涯研修制度体系　38
障害者自立支援法　29，34，83
承認と帰属の欲求　72
情報収集　155
助産師　105
自立　49，53
自律　53
自立支援　53，62
自立生活運動（IL運動）　51
心身の状況に応じた介護　30
身体機能　154
信用失墜行為の禁止　30，31，120
スーパーバイザー　177
スーパーバイジー　177
スーパービジョン　177
スクリーニング　84
スタンダードプリコーション　137
ストレス　18，147
ストレッサー　147
ストレッチング　145

スライディングボード　144
生活感　68
生活環境　155
生活史（生活歴）　67
生活習慣　68
生活の維持，回復　42
生活モデル　55
生活様式　68
誠実義務　30
精神障害　34
精神保健福祉士　102
生命　40
生命の歴史　41
成年後見制度　30
生理的欲求　72
セーフティマネジメント　128
接触感染　136，140
先入観　161
専門医　104
専門介護福祉士　14
専門職能団体　36
総合病院　115
相談　172
相談窓口機能　109
SOAP　173
措置制度　58
尊厳　40，47

タ

対人保健　112
対物保健　113
多職種連携　101
短期入所サービス　89

短期入所生活介護　89
短期入所療養介護　89
地域支援事業　93
地域包括支援センター　108
地域保健　113
地域保健センター　103
地域密着型サービス　91
地域連携　106
チームワーク　138, 162
知的障害　34
中核症状　69
腸管出血性大腸菌　143
通所介護　89
通所サービス　89
通所リハビリテーション　89
手指衛生　141
伝達経路　161
転倒・転落防止　130
特定施設入居者生活介護　89
特定福祉用具販売　89

ナ

日本介護福祉士会　36
認知症　31, 69
脳血管性認知症　69
ノーマライゼーション　44
ノロウイルス　142

ハ

肺炎　142
発達障害　34
PDCAサイクル　81
非言語的コミュニケーション　13, 46,
159
飛沫感染　136, 140
秘密保持義務　30, 31
標準予防策　137, 139, 140
ファーストステップ研修　38, 39
フェイス・シート　85, 179
フォーマルサービス　107
福祉関連専門職　103
福祉事務所　103
福祉用具貸与　89
Plan(プラン)　174
へき地医療　115
変性疾患(へんせいしっかん)　69
報告　171
訪問介護　89
訪問看護　89
訪問サービス　89
訪問入浴介護　89
訪問リハビリテーション　89
保険給付　88
保健師　104, 109
保健所　112
保健所業務　113
ボランティア　107

マ

マズローの欲求5段階説　72
民生委員　103, 133
名称独占　31
名称独占資格　12
求められる介護福祉士像　34, 35
モニタリング　84

ヤ

薬剤師　105
要介護認定　88
養成教育課程　33
予防給付　88

ラ

理学療法士（PT）　17, 105
リスクマネジメント　127
リハビリテーション　54

利用者負担　96
利用者負担額　96, 97
利用者負担上限額　96, 97
臨床心理士　106
倫理　118, 124
レクリエーションワーカー　103
レジオネラ　142
連携　31, 101
連絡　172
老年病　42

執筆者一覧（所属は，刊行時のものです。）

守本とも子	岐阜医療科学大学	〈編者〉
星野政明	名古屋経済大学大学院人間生活科学研究科	〈編者〉
三浦辰哉	静岡県福祉・文化研究所設立準備室	（第1章）
原田理恵	甲子園大学	（第2章）
溝上五十鈴	広島都市学園大学	（第3章）
土田耕司	川崎医療短期大学	（第4章）
羽柴香恵	株式会社AT　HOME	（第5章，第12章）
河野　喬	専門学校 福祉リソースカレッジ広島	（第6章）
新谷奈苗	岐阜医療科学大学	（第7章）
吉村雅世	奈良県立医科大学	（第8章）
西薗貞子	奈良県立医科大学	（第9章）
西元康世	大阪大学医学部附属病院	（第9章）
甲田宗嗣	広島市総合リハビリテーションセンター	（第10章）
上本野唱子	奈良県立医科大学	（第11章）
石﨑利恵	関西学研医療福祉学院	（第13章）
川合百合子	元奈良文化女子短期大学	（第13章）

編著者紹介
守本とも子
大阪教育大学大学院教育学研究科健康科学専攻修士課程修了，関西学院大学大学院博士後期課程社会福祉学専攻修了(社会福祉学博士)，早稲田大学大学院情報生産システム研究科博士後期課程退学(研究指導終了)広島国際大学大学院助教授(在宅看護学)，三重県立看護大学助教授(終末期看護学)，奈良県立医科大学医学部看護学科教授(老年看護学，社会福祉学，国際看護論)を経て，現在，岐阜医療科学大学教授(基礎看護学，国際看護論)，関西学院大学社会学部(介護概論)で非常勤講師を務める。
〈著書〉『介護福祉士養成シリーズ② 生活支援技術・介護過程』『新課程・国家資格シリーズ⑦ 介護概論』(星野政明共著，黎明書房)，『QOLを高める専門看護，介護を考える（上巻・下巻）』『新QOLを高める専門看護，介護を考える』(星野政明共編，中央法規出版)，『老年看護学』『国際看護学への学際的アプローチ』(共著，日本放射線技師会出版会) 他。

星野政明
1941年生まれ。三重県立看護大学大学院教授（社会福祉学特論），三重県立看護大学看護学部教授（社会福祉学），青森県立保健大学非常勤講師（社会福祉援助技術）を経て，名古屋経済大学人間生活科学部教授（児童福祉学・社会福祉学）兼大学院人間生活科学研究科教授（社会福祉学研究・子ども福祉学研究），藤田保健衛生大学大学院客員教授（セルフケア学特論），名古屋大学医学部保健学科非常勤講師（社会福祉学），愛知医科大学看護学部非常勤講師（保健医療と福祉），岐阜医療科学大学客員教授（社会福祉原論），九州保健福祉大学大学院連合社会福祉学研究科博士（後期）課程〔通信制〕（社会福祉学特殊講義Ⅰ・社会福祉原論）。
〈編著書〉『介護福祉士養成シリーズ② 生活支援技術・介護過程』『知っているときっと役に立つ看護の禁句・看護の名句』『これだけは知っておきたい介護の禁句・介護の名句』『新課程・国家資格シリーズ①～⑤，⑦巻』(以上，黎明書房)，『社会福祉学概論』（中央法規出版）他，共著書，論文等。
〈訳書〉『ケアリング・ワールド』（監訳）『社会福祉三つのモデル』（共訳，以上，黎明書房），『新しいアドミニストレーション』（共訳，日本YMCA同盟出版部），『イギリス社会福祉発達史』（風媒社）他。

介護の基本・コミュニケーション技術

2010年9月25日 初版発行

編 著 者	守本とも子 星野政明
発 行 者	武馬久仁裕
印　　刷	株式会社 太洋社
製　　本	株式会社 太洋社

発 行 所　　株式会社 黎明書房

〒460-0002　名古屋市中区丸の内3-6-27 EBSビル
☎052-962-3045　FAX 052-951-9065　振替・00880-1-59001
〒101-0051　東京連絡所・千代田区神田神保町1-32-2
南部ビル302号　☎03-3268-3470

落丁本・乱丁本はお取替します。　ISBN978-4-654-05721-4

Ⓒ T. Morimoto & M. Hoshino 2010, Printed in Japan